教练式沟通

简单、高效、可复制的赋能方法

A simple, efficient and replicable approach to empowerment

程云鹏 陈爱芬 著

机械工业出版社
CHINA MACHINE PRESS

教练式的沟通，是一种赋能的沟通方式，能够激发一个人的内在潜能，跨越内在的障碍，从而更好地、由内而外地开始实践并达到自己的目标。这是一本帮你快速掌握教练式沟通的工具书。书中系统介绍了以心理学为背景的教练式沟通的原则、能力、流程、工具和方法，并提供了大量的真实案例，既有管理者激励下属的情景，也有关于职场转型、亲子沟通、亲密关系、婆媳相处、中年危机、情绪困扰等场景。如果你面临类似的情境，马上就可以套用书中提供的方法和工具来解决问题。本书的特点是实战、实用，书中运用了大量的真实案例来讲述教练式沟通的工具和方法，提炼出教练式沟通的流程、模型及要素，既适合专职教练阅读，也适合各行各业想要影响他人、赋能他人、加速自我成长的人阅读。

图书在版编目（CIP）数据

教练式沟通：简单、高效、可复制的赋能方法/程云鹏，陈爱芬著. —北京：机械工业出版社，2020.10（2024.10 重印）
ISBN 978－7－111－67106－0

Ⅰ.①教⋯　Ⅱ.①程⋯　②陈⋯　Ⅲ.①人际关系学-通俗读物　Ⅳ.①C912.11－49

中国版本图书馆 CIP 数据核字（2020）第 257686 号

机械工业出版社（北京市百万庄大街 22 号　邮政编码 100037）
策划编辑：坚喜斌　　　责任编辑：坚喜斌　刘林澍
责任校对：张莎莎　　　责任印制：常天培
北京机工印刷厂有限公司印刷

2024 年 10 月第 1 版·第 9 次印刷
170mm×240mm·15.25 印张·1 插页·217 千字
标准书号：ISBN 978－7－111－67106－0
定价：69.00 元

电话服务　　　　　　　　网络服务
客服电话：010-88361066　机　工　官　网：www.cmpbook.com
　　　　　010-88379833　机　工　官　博：weibo.com/cmp1952
　　　　　010-68326294　金　书　网：www.golden-book.com
封底无防伪标均为盗版　　机工教育服务网：www.cmpedu.com

推荐序

程云鹏和陈爱芬合著的《教练式沟通：简单、高效、可复制的赋能方法》一书，嘱我作序，我欣然应允。记得我在用友大学的时候曾鼓励所有专职讲师写书，并承诺为他们的著作作序。两位作者都曾经是跟我工作多年的下属，每每为我下属的作品写序，便有一种莫名的自豪感和喜悦感油然而生。

饶有兴致地看完书稿，惊喜地品味到两位作者近几年来的长足进步。读书也罢，做事也好，我向来主张深度转化。读书，只有领悟的那部分才真正属于你自己；做事，只有升华的那部分才会在未来产生价值。读了别人的书，上了外部的课，一定要积极付诸实践，在实践中创造性地发挥和适应性地改造，才会发展出属于自己独到的理解和套路。反过来，不要轻易放过每一段经历，在自身实践的基础上总结出来的方法才是真知灼见。而写书，恰是用输出倒逼自己转化的绝佳方式。

该书用轻松愉悦的格调详细阐释了教练的原理、框架、重点、难点、方法、策略等。概言之，教练的本质是用一套行之有效的沟通框架来干预被教练者能量运用的方式和内在状态，从而帮助被教练者厘清目标、激发动能、采取行动，使其内在更加和谐、状态更加积极地投入工作和生活中去。教练必须确保被教练者在正确的状态下，并用正确的方法激发被教练者富有成效地思考。教练就像火种，要点燃被教练者内心的火把，使其生命之光精彩绽放。因此，教练式沟通一定是相互赋能的，教练一定能从被教练者状态的改变中感受到自己工作的价值，受到直接的激励。在教练过程中，教练和被教练者都是学习者，只不过学习的方式略有不同而已——教练更多地帮助被教练者"悟"而被教练者又在帮助教练"修"。教练是一个精神富足的职业，在帮助被教练者的同时，自己也在实践中学习发展。教练工作本身就是既有理论指导，又极富实践性的社会活动，教练过程即是一个结合理论学习、社会学习和经验学习，提升和发展自己的绝佳机会，做教练一定能让自己的修行走上快车道。这也大概是两位作者能够快速进步的深层原因。

书中既有经典的教练理论的真实实践，又不乏在实践中的创新；既有接地气的真实案例，又有作者独到的理解。透过文字，我解读到两位作者在工作中读了不少的书，上了不少的课，也做了不少的事，为写书也下了不少的功夫。在实践中发展出来的学问才是真知灼见。正因为他们在工作中认真负责，不仅热爱学习，而且勇于创新和大胆实践，才能在工作之余，把所学所做、所想所感集结成册，向社会输出。相信读者也不难通过书中的内容捕捉到他们对工作认真负责、持续创新和善于总结的痕迹。相信本书的内容以及内容背后所折射的两位作者爱学习、能创新、重实践、善总结的精神都能使读者从中受益。

余不多言，读者自参。是为序。

易明教育创始人，用友集团原副总裁、用友大学原校长

田俊国

自 序

人人都可以成为赋能者

我们学习心理学已有十几年，是埃里克森国际教练机构认证的教练，也是版权课程《教练式领导者》的开发者。我们一起学习教练课程、开发教练课程并一起讲授教练课程，同时也是彼此的长期教练。教练式沟通是非常好的沟通方式，你可以运用教练的对话方式，成为赋能者，对身边的人产生重大影响。管理者可以应用教练式沟通，激发员工的内驱力，赋能员工，让员工提升意识、承担责任、提升自信。教练型的父母对孩子有更多的欣赏和支持，可以应用教练的方法，训练孩子的思维能力，从而让孩子在未来更加有竞争力。朋友之间应用教练式的沟通，可以在对方遇到困难或"卡住"的时候，快速地引导对方切换视角，跨越时间，获得觉察。老师应用教练式沟通，能退后一步，给学员更多空间，启发学员思考，自己寻找答案，并能够锻炼学员的创造性和全局性思考能力。

教练的对话方式运用起来充满艺术性，每当讲完一次教练课或完成一次教练对话，我们都忍不住赞叹，如此美好的教练式沟通方法，如何能让更多的人受益呢？于是我们就有了一起合写这本书的初衷。我们实践教练式沟通的这几年，自己有很多成长，也带动了身边的人发生了很多改变，并帮助企业培养教练式领导者。学员们想做一些拓展阅读，我们便推荐了一些市面上的教练书籍，但发现真正有用的教练参考书数量不多，而且大部分是写给专业教练的，对于普通人来说，直接使用并不容易。我们本身都是培训师，有着丰富的企业培训经验，把道理讲述得清晰易懂是我们的强项。所以我们用了3年的时间积累素材，把教练式沟通的理念、方法、流程、工具跟我们的工作和生活结合起来，用很多生动的故事和案例加以演绎，便有了您眼前的这本书。这是一本适合想了解教练式沟通的初学者和非专业教练使用的工具书。

书中的故事有些来自我们各自的经历，有些来自我们的培训对象，都是普通人的故事。本书在写作时，为了行文的统一，案例的女性主人公分别叫作小芳、小叶和小丽，男性分别叫作小明和大亮，偶尔也会有其他名字出现。你会觉得这些人跟你或你的朋友很像。

不管是哪一个场景，提出问题的一方都被称为教练，而另一方叫作被教练者。出于书的可读性，我们对部分案例进行了一些加工，但仅是细节的小变动，不妨碍案例的真实性。

书中的内容参考了很多教练式沟通领域里的先行者，例如提摩西·加尔韦和和约翰·惠特莫等人的经验，也参考了很多教练式沟通的课程，例如埃里克森的教练的艺术与科学课程，同时也引用了积极心理学、神经科学的一些最新研究成果。我们在向前人学习的同时，有继承也有发扬，在此对这些专家表示深深的感谢。

我们带着诚意，竭尽所能写这本书，但受我们的知识、经验、眼界所限，错漏在所难免，也恳请读者指正。

我们会随时把对教练式沟通的感悟和案例跟大家分享，邀请大家关注我们的公众号"唤醒情商"和"云鹏教练"。

如何使用本书

本书分为十一章，系统介绍了教练的起源、能力、原则和流程，同时每一章都配备了要点总结和一些小练习或思考题，供大家自己练习。

第一章　沟通的新趋势——教练式的沟通

介绍教练的起源和发展，以及在企业中的应用效果。其包括教练怎样成为企业管理中的重要角色，以及教练角色的特点，教练怎样做才能高效赋能。

第二章　人发生改变的物理基础——神奇的大脑

这一章讨论的是教练起作用的物质基础——大脑的神经可塑性。因为神经可塑性，人可以被过去所影响，但不会被过去所决定。人可以从现在开始塑造自己，这个塑造需要一个过程。我们通过意识和潜意识手拉手，在大脑中建立新的神经连接，不断地练习，使新的学习变成本能，让我们可以自然而然地表现出来。被教练者的大脑处于什么状态，决定了他的开放程度和教练的效果，所以教练需要创造一个场域，让被教练者的大脑处在容易学习和改变的状态。

第三章　信任是赋能教练式沟通的基石

教练的效果来自信任，信任搭建沟通的良好场域。信任来自尊重的态度，给对方空间，把对方看作是人而不是问题，听见和听懂对方，和对方共同建构他想要的未来。信任也来自于让对方舒服的沟通风格，匹配对方的语音、语调、能量，使用对方的原词，在对方的参考框架下沟通。信任也包括教练在"卡住"的时候，把主动权交给被教练者，相信被教练者。

第四章　积极倾听

教练虽然通过提问让被教练者产生觉察，但教练对话的基础是倾听。跟日常的倾听不同，我们将教练式的倾听称为"大耳朵倾听"。教练的倾听是带着框架的倾听，你需要听见、听懂被教练者，听见被教练者重要的、想要的能力、资源、优势和参考框架，并选择性地回应。

第五章　有力提问

在合适的时候，教练需要通过有力提问帮助被教练者产生觉察，提问就好像教练打着手电筒，提醒被教练者望向不同的方向。

有力提问的三要素：开放、未来和拓展。

我们给出了一些例子，帮助你理解提问的三要素。

第六章　赋能反馈

教练就像一面镜子，映照出被教练者的状态，教练会把映照出来的东西反馈给被教练者。反馈既有积极反馈（赞美），也有发展性反馈。教练中的反馈需要起到赋能的效果，所以积极反馈的比例会大于发展性反馈。事实上，发展性反馈有时是以直接沟通的方式出现的，让被教练者自己发现改变的需求。书中给出了两个简单的句型作为参考。

第七章　教练原则

这里提出教练的 5 个工作原则：相信每个人是自己生命的专家、聚焦目标和进步、每个行为背后都有正面意图、每个人都具备足够的资源、一小步引发大改变。教练原则既是教练工作的依据，也是教练看待被教练者的滤镜，只有带着教练原则去对话，才能产生转化性的效果。

第八章　突破你的思维限制

这一部分以几个案例，让你看到当你想要改变的时候，哪些限制性的思维方式会阻碍你，从"贝克哈德变革公式"我们可以看到改变的要素，从变革曲线可以看到我们内在的心理变化。变化从来都不容易，但了解了变化的公式，我们就可以自己或在教练的帮助下突破思维的限制。

第九章　教练对话流程

这一部分介绍了我们自己总结的一个教练流程：聚焦成果、厘清现状、赋能激发、促进行动、觉察反思。流程框架可以让教练对话更加有效。有时候，即使你只是一个初学者，只是照猫画虎地按流程对话，都可以取得很好的效果。

第十章　教练工具箱

在这一部分我们给了大家一些好用的教练工具和方法，包括有力提问的换框八法（时间转换、累加效应、成果换框、视角转换、空间换框、奇迹问题、价值转换、系统转换）及平衡轮等。这些工具本身就是流程性工具，也就是说应用教练工具的过程就是完整的教练流程。当你随身携带这些工具和方法，就会极大地提高沟通的效率。

第十一章　你如何成为赋能沟通者

这一部分介绍了作为一个教练如何修炼自己。喜欢做教练的人，通常有自己的内在使命感，愿意把自己放在第二位，去支持他人的成长。保持教练的核心稳定性非常重要。教练是一种技能，所以需要刻意练习。在教练的精通之旅中，作为教练既需要教练他人，也需要被教练，同时，你也要学会自我教练。在这个过程中，一个人走得快，一群人走得远，伙伴的陪伴和鼓励非常重要。一个真正的教练，要把教练状态体现在工作、生活的方方面面，甚至把自己活成教练型人格。

目 录

推荐序
自序——人人都可以成为赋能者
如何使用本书

第一章 沟通的新趋势——教练式的沟通 ...001
第一节 你的生命中是否有一位赋能领导者 ...001
第二节 教练的起源和发展 ...006

第二章 人发生改变的物理基础——神奇的大脑 ...014
第一节 你以为的就是你以为的吗？——头脑的欺骗性 ...014
第二节 识别大脑结构，更好运用大脑——三层大脑假说 ...016
第三节 意识和潜意识手拉手 ...022
第四节 你可以塑造你的大脑 ...026
第五节 如何让你的大脑更健康 ...029

第三章 信任是赋能教练式沟通的基石 ...035
第一节 信任是沟通的基础 ...035
第二节 如何建立信任 ...039

第四章 积极倾听 ...048
第一节 你在听我说话吗 ...048
第二节 人们都是选择性倾听的 ...050
第三节 积极倾听 ...052

第五章 / 有力提问 ...059

第一节　提问之前你要先回应情绪 ...059
第二节　三级跳式的有力提问 ...062
第三节　有力提问案例 ...071

第六章 / 赋能反馈 ...081

第一节　反馈的作用 ...081
第二节　赋能反馈——想让对方改变，多赞美他吧 ...087
第三节　发展性反馈——当你希望对方停止某些行为时的反馈 ...092

第七章 / 教练原则 ...098

第一节　你戴着什么样的有色眼镜在看世界 ...098
第二节　教练五原则 ...105

第八章 / 突破你的思维限制 ...123

第一节　发现你的思维限制 ...123
第二节　人是怎样改变的 ...127
第三节　案例：找到自己的信念 ...135

第九章 / 教练对话流程 ...139

第一节　教练对话的流程 ...139
第二节　聚焦成果 ...143
第三节　厘清现状 ...149

	第四节　赋能激发	...154
	第五节　促进行动	...162
	第六节　觉察反思	...167
	第七节　教练案例	...171

第十章　教练工具箱 ...184
第一节　转换你的思维框架，发现不一样的世界 ...184
第二节　平衡轮 ...206

第十一章　你如何成为赋能沟通者 ...217
第一节　你的内在召唤：英雄之旅 ...217
第二节　自我教练 ...221
第三节　前进路上你需要教练伙伴 ...224
第四节　管理时间、管理情绪 ...228

致谢 ...231

第一章

沟通的新趋势——教练式的沟通

> "未来的领导者要提出问题,并加以讨论,然后解决它们。他们依赖的是互信而非控制,因此管理人要做的是真诚坦率地沟通,领导人要成为部属的教练而非牵绊者。"
>
> ——原通用电气公司 CEO,杰克·韦尔奇

第一节　你的生命中是否有一位赋能领导者

日子一天天过,我们会发现有的人几十年如一日,除了生理上的变化之外,其他都没变,日子过得就像一头驴一直蒙着眼睛在拉磨,就那么转着。

但有一些人,却活出了自己,为周围的人创造了价值,能力越来越强……

为什么时间同样流逝,人的生命却如此不一样呢?

一、逆袭的小芳

1. 害羞的小芳

小芳是小丽的一个朋友,在小丽原来的记忆中,她总是怯生生的样

子，虽然她的工作是销售培训产品，但她好像并没有意识到自己的产品的重要性，她害羞，甚至不敢张口谈她的产品。

记得她第一次带着她的培训产品清单来见小丽的时候，说着不太标准的普通话，直到约谈最后，才把那份清单给小丽，似乎那是个见不得人的东西。

当然小丽最后还是采购了她们公司的培训产品。所以，她们后来又多了几次见面的机会。一年后项目结束了，她们就没再联系过。

多年以后，小丽参加了一次培训行业的高峰论坛，惊讶地发现演讲嘉宾中居然有小芳的名字，一开始以为是重名，结果真的是她。她和小丽记忆中的小芳真的是判若两人。

留着长长的卷发，穿着优雅的套装，脸上带着淡淡的微笑的小芳一边和小丽握手，一边问："你还记得我吗？你曾经是我的客户，而且是我第一次签单成功的客户。"

看着那双熠熠发光的眼睛，小丽充满了好奇，邀请小芳会议结束后一起吃晚饭。

2. 小芳是怎么改变的

小芳说她后来从培训销售岗位转到培训教务岗位，然后遇到了现在的领导，一位培训界的大咖，这位大咖对小芳特别欣赏，经常对小芳说，你有演讲的天赋。最初小芳以为领导是在开玩笑，自己的普通话说得都不标准，还有演讲天赋？

但领导经常这么说，还很认真地告诉小芳："你知道为什么我说你有演讲的天赋吗？因为你擅长与人连接，擅长情感的表达，而且你现在没经过训练，就能自然而然地表达。想象一下，假如你经过专业的训练，你又会成为一个什么样的演讲高手呢？"

小芳从来没有这样想过自己，也从来没有把自己和什么"高手"挂钩过，领导的一番话，在小芳心里生根发芽。

小芳开始读演讲相关的书，开始去上演讲相关的课，开始第一次演讲……小芳开始在公司内部组织沙龙，小芳开发了一个演讲相关的课程……

小芳从培训教务岗位调到了培训岗位，有了更多机会和这位领导在一起工作。这位领导看见了小芳的变化，经常在会上让小芳分享。他有一次又问小芳，作为一个演讲者，你觉得最重要的是要传达什么？什么样的演讲会让人们受益，每次你演讲的时候，你的内在发生着什么变化？

小芳从来未曾思考过这些问题。这些问题在小芳的心里开始生根发芽，慢慢长大。

小芳意识到当自己演讲的时候，自己就是在和人们对话；当和人们对话的时候，就是在和人们做连接；当感受到自己和人们连接的时候，自己的内心是幸福快乐的。小芳愿意做这样的自己，因为做这样的自己会更加开心。

但小芳的成功也并不是一帆风顺的。她经历过最惨的一次演讲事故是上半场会议室里还有100人，演讲中场休息之后只回来了3个，其中2个还是HR和助教。小芳当时都听见了自己心碎的声音，恨不得找条地缝钻进去，从此不再演讲。

小芳找到领导，领导安静地听完小芳的倾诉之后，没有给小芳任何建议，只是给小芳分享了一个他自己失败的故事，回顾了自己是如何复盘的，又是如何从中学习的。最后，领导说，我感谢每一次的失败，因为失败让我学到了更多。

领导不知道小芳的内心在那次对话后发生了什么，但小芳从此有一句座右铭，就是"你从中学到了什么"。而这句话，让小芳不断地成长、蜕变。

小芳讲完了她和她领导的故事，补充道："是他激发了我，让我看见了自己的天赋，是他支持我活出了这样的自己。他虽然并没有真正替我做过什么，但他让我看到了自己对生命的深层次的渴望，带着这份渴望活出了自己想要的生命状态。"

小芳的这位领导激发了小芳，让她看见了自己的潜能。他是一位教练式领导者。《高绩效教练》这本书中说："教练是使人们释放出他们的潜能，以使其获得最大的成就，是帮助他们学习和成长，而不是教他们如何去做。"

如果你是一个领导，请做一个教练式领导。因为这样你会让本来就很优秀的员工更加优秀，让普普通通的员工有机会逆袭成为更加优秀的员工。

二、转型成功的小叶

小叶是一名培训师。她的父母都是老师，在她的心目中老师就是人类灵魂的工程师。中学上课时小叶常常想象自己站在讲台上，怎样把课讲得既清晰易懂，又生动有趣。但小叶大学上了工科院校，毕业又分配到从事军用品生产的国企，并没有从事培训工作。兜兜转转十年，小叶跳槽到某软件企业。适逢公司成立企业大学，小叶虽然没有讲课经验，还是鼓起勇气给负责企业大学的高总写邮件自荐，并作为初创团队成员加入了企业大学。

终于从事了自己喜欢的工作，小叶焕发了活力。她大量阅读书籍、听课，不断讲课、开发课程，几年间，从演讲时气息都调不均匀的培训小白，成长为给领导干部讲课的领导力专业讲师，逐步形成了自己的授课风格。

但讲着讲着，她遇到了一个瓶颈，就是自己没做过业务，没有那么多亲身经历的案例可以运用。

有一天小叶刚刚讲完课，在教室外跟隔级领导高总偶遇。

高总停下来跟她聊了几句，夸她比前几年有了很大的进步。

小叶说："高总，谢谢你让我加入企业大学，使我能跟优秀的人共事，还可以每天做自己喜欢的事。我特别希望能以清晰易懂的方式传递知识，让人们学得更快、更好。"

高总关心地问小叶的近况。

小叶有些烦恼地说："我现在有点困惑，因为自己没有做过业务，给业务部门讲课时经常觉得底气不足。"

高总问:"嗯,怎么说呢?"

小叶说:"我没有做过业务,讲不出来自己的亲身经历,只好讲别人的故事。"

高总问:"为什么一定要讲自己的亲身经历呢?"

"我觉得讲别人的故事没有足够的说服力。"小叶说。

高总问:"讲别人的故事,学员觉得有收获吗?"

小叶说:"学员觉得有收获,只是我怕自己不了解事情的来龙去脉,讲不清楚。"

高总说:"那就要看你收集资料并对其总结和提炼的能力了。你们在企业大学不是一直在研究教学设计和组织经验萃取的方法论吗?"

小叶点头说:"是啊。"

高总又问:"那你有机会收集管理案例吗?"

小叶说:"我接触的领导干部还是挺多的,每次讲课我都能收集到案例。"

高总微笑着说:"你看,你对教育有热情,现在也积累了很多授课的经验。据我所知很多优秀的讲师也没有业务经验,他们会去调研成功的业务领导的经历,把他们的经验整理成案例,在课堂上分享给学员。你的专长是懂得领导力研究方法论,如果能将其和最佳实践完美结合,一样可以给学员非常大的收获。你觉得呢?"

高总的一番话醍醐灌顶般启发了小叶,她之前皱着的眉头松开了。目送着高总离去的背影,她眼前出现了一个画面,自己站在讲台上,手边是多年积累的厚厚的案例,她意气风发,随手列举着身边的成功管理者的案例,学员频频点头,深受启发。小叶深吸了一口气,昂首挺胸,之前的困惑和不自信一扫而光。

十年以后,小叶讲课时,各种故事信手拈来,她被领导称赞"气场很足",想象中的画面真的实现了。当年与高总的一番神奇对话,让小叶在低迷中被赋能,因为高总是一位教练式领导。

你的身边是否有这样一个领导?

他信任你、尊重你、倾听你、激发你,你每次跟他沟通都会豁然开朗、能量满满、信心百倍。你会觉得自己真的很厉害,可以取得更大的成功,活出更好的自己。他既是你的领导,也是你生命中的教练。

第二节 教练的起源和发展

2018年,比尔·盖茨在TED大会上发表了10分钟的演讲,系统阐述了他对于教育革命的理解。比尔·盖茨说:"每个人都需要一个教练……因为我们都需要给我们反馈信息的人,这是我们不断自我发展的方式。"

我们经常把教练比喻成镜子,这里有唐太宗的典故。当谏臣魏征去世的时候,唐太宗李世民感慨道:"夫以铜为镜,可以正衣冠;以史为镜,可以知兴替;以人为镜,可以明得失。"

从某种意义上来说,魏征就是一个教练,他以直谏著称,直谏可大致等同于教练能力中的"直接沟通"。

按照乔哈里的视窗理论,每个人都有自己的隐藏区、盲区和潜能区。教练通过反馈,让被教练者看到自己的盲区,从而加以提升;拓宽自己的隐藏区,从而去除内在障碍;发现自己的潜能区,从而发挥潜能,活出更好的自己。

不仅是体育运动员需要教练,商业领袖、教师也需要教练,任何人都需要教练。

彼得·德鲁克就是一个著名的教练。商业领袖向他请教时,他从不给答案,而是提出强有力的问题。杰克·韦尔奇的"数一数二"战略就受到了德鲁克的启发。

20世纪80年代,杰克·韦尔奇接任通用电气的CEO之后,通过雷吉·琼斯的介绍，和德鲁克见了面。当时他的初衷是想取点经：像通用电气这样的企业该怎么管，新上任的我该怎么做？

德鲁克问道："如果你当初不在这家企业，那么今天你是否还愿意选择加入进来？"言外之意，通用电气虽大，无论是资产规模还是股票市值，都是美国排名前10 的大公司，但它正面临着来自全球，特别是日本的竞争，利润已经开始萎缩，一些业务处于疲弱不堪的状态。德鲁克接着问道："那你打算对这家企业采取些什么措施？"问题十分简单，但非常深刻，发人深省。在德鲁克一系列严峻问题的启发下，"数一数二"这一理念得以清晰化、明朗化。

1998 年1 月，杰克·韦尔奇对经理们说："我想提醒你们我观念中的领导艺术是什么，它只跟人有关。没有最好的运动员你就不会有最好的球队，企业队伍也是如此——最好的领导人实际上是教练！"

退休之后，他成了一名专职的教练。杰克·韦尔奇说，**一流的 CEO 首先是一名教练，伟大的 CEO 一定是伟大的教练。**

一、教练方法论起源

大家都知道体育教练，而现在有面向企业的高管教练、绩效教练，还有面向个人的成长教练、情商教练，还有跟组织发展相结合的团队教练，之所以叫"教练"，是因为教练背后的方法论最初确实来自体育教练。

滑雪教练怎样教网球

教练在企业里的应用，一个人功不可没，这个人就是提摩西·加尔韦（Timothy Gallwey）。他是美国的网球教练，也是运动心理学家。20 世纪70 年代他开了一个体育馆，教人打网球和滑雪。有一天一群网球学员来上课，结果网球教练恰好不在，又不能让学员干等，怎么办？

正好滑雪教练在，提摩西·加尔韦请滑雪教练教网球。滑雪教练说不行啊，我都不会打网球，怎么教？提摩西·加尔韦说没关系，你是教练啊，教学的方法都一样啊。

教练式沟通
简单、高效、可复制的赋能方法

我们平时学一项体育运动，常规的方法是教练示范，学员练习，教练一次次地纠正动作，学员再反复练习。学员会把注意力放在姿势是否正确上。

然而，这个滑雪教练不会打网球，所以他当然不能做示范，也无法告诉学员什么姿势是合适的。他唯一能告诉大家的就是让大家把注意力放在球上。盯着球，尽力打到球。

学员打了几个球，习惯性地问教练："这样的球我应该怎么处理？"

滑雪教练不知道。他应该怎么回答呢？

于是他问了一个经典的教练问题："那你觉得呢？"

学员有点愣，说："我也不知道。"教练又问："你想打出什么样的球？"

学员指着对面场地的某处说："我想要打到那个位置。"

教练又问："你打算怎么做？"

学员说："我想可能这样打或者那样打。"

教练说："那你试试吧。"

学员试了两种打法。教练问："你发现了什么？"

学员答："我发现第一种方法比较好，我挥拍比较顺畅，我还发现在什么时候挥拍、用多大的力量比较好。"教练鼓励："非常好。那你如何调整自己让你能够继续做到这些？"

……

（以上过程是根据教练对话过程进行的猜测，有演义成分）

课后学员对提摩西·加尔韦说："我觉得这节课比以前的课收获都要大。"

提摩西·加尔韦很好奇，就问滑雪教练是怎么教的。他发现，正是滑雪教练"未知"的心态、开放式的提问，帮助学员把关注点放在真正重要的地方——网球本身，而且发挥了人与生俱来的学习能力。这个案例促使提摩西·加尔韦思考：运动员的表现与什么相关。他发现：赛场上的选手在进行激烈的外在比赛时，内心还进行着一场内在比赛，内在比赛要克服的，就是负面的心理习惯，正是这些习惯让选手与胜利失之交臂。如果选手能够克服内在障碍，身心合一，就会产生真正的求胜欲望，释放出全部能量，实现惊人的突破。提摩西·加尔韦据此发展出了一整套赢得内在比赛的诀窍。他将这种洞见写成一本书《网球的内在竞赛》(*The Inner Game of Tennis*，国内译本为《身心合一的奇迹力量》)。

一个偶然的机会，ABB 公司的人看到这本书，便邀请提摩西·加尔韦去讲课。提摩西·加尔韦说我只会讲如何教人打网球，ABB 公司说没问题，你就讲这个。他到了现场一看，发现底下坐着的全是各级管理者，他告诉大家他是如何教网球的，而管理者记录的都是怎么管理员工的。于是提摩西·加尔韦开始将教练的方法应用在企业管理和人生规划方面，他曾经为可口可乐、IBM 等著名公司提供员工教练支持。

国人更加熟悉的是约翰·惠特莫（John Whitmore），他在 1992 年提出了自己的教练模型 GROW，G 是 Goal（目标），R 是 Realistic（现状），O 是 Options（选择方案），W 是 Will（行动的意愿度）。在他的《高绩效教练》(*Coaching for Performance*) 一书中对教练做了这样的定义：**教练会使人们释放出他们的潜能来取得最大的成就，帮助他们学习和成长，而不是教他们如何去做。**

从那个时候开始，教练在企业当中得到了更多的应用。1995 年国际教练联合会（International Coach Federation, ICF）成立，并提出教练技术的标准和规范，推动了教练技术的快速发展。目前 ICF 已成为全球最大的教练行业协会。如今，全球已经有几万名独立教练，教练也成为一项新兴职业。

ICF 认为教练是被教练者（ICF 称为客户，本书统一改称为被教练者）的长期伙伴，通过创造性地引发被教练者深度思考的教练过程，激励被教练者最大化地提升自我认知与发掘职业潜能。如今教练技术的发展结合了心理学、脑神经科学、社会学等学科的研究成果，并借鉴了心理咨询的技术和理念，比如后现代心理咨询流派之一——焦点解决短期治疗（Solution-Focused Brief Therapy, SFBT）的很多理念和提问方式。而许多世界 500 强

教练式沟通
简单、 高效、 可复制的赋能方法

企业也大量引入第三方教练对高管进行绩效辅导，并提倡管理者要具备"教练式"的领导风格。

二、假如你是管理者，教练则是你的一个重要角色

作为一个管理者，既要达成公司目标（关注事），也要促成团队的发展（关注人）；既要保证把事情做对（小细节），也要考虑未来的业务发展和创新，做对的事情（大格局）。所以一个管理者常常戴着几顶帽子（角色）：**专家（导师）、行政管理者、领导、教练**。管理者需要根据情境、管理的对象、任务的需要灵活切换自己的角色。

- 第一顶帽子是**专家**(关注事)。新任管理者多数是从高绩效员工提拔上来的，对所从事的业务有丰富的知识和经验。也有些人是从内部调动到自己没有经验的业务部门，那么至少要在解决问题的方法论或者人际技能上有过人之处，才能够树立起专家形象。当员工的经验和能力不足时，经理也会作为导师指导员工。

- 第二顶帽子是**行政管理者**(小细节)。管理者要把事情做对，创造高绩效，主要通过以下三种方式：一是组织团队，高效达成目标；二是制定规则流程，总结方法论，让事情可控、可复制；三是日常管理，比如拆分目标、分配任务、绩效考核、人员招聘、薪酬分配等。

- 第三顶帽子是**领导**(大格局)。管理者要关注于做对的事情，还要考虑业务未来的发展，要做战略规划、引发变革、推动创新、建设人才梯队，以及承担在信息不充分的时候做决策等引领性工作。

- 第四顶帽子是**教练**(关注人)。随着心理学的研究不断推陈出新，企业发现必须考虑员工的感性因素。一个人再有能力，但意愿不足也是无法产生高绩效的。传统的激励方式就是胡萝卜加大棒，但这种方式对于要求创新的工作效果适得其反。

而激发内在动力将是更优的解决方案。内在动力的来源是意义、专精

和自主（见丹尼尔·平克《驱动力》）。所以未来的领导者要善于提出问题，帮助员工找到自己的工作意义和目标，激发员工潜能，帮助员工学习和成长，取得他们自己的成功。

我们会发现，基层干部一般会将主要精力投入行政管理和专家角色中，而随着级别的提高，必然需要更多地担任领导和教练角色。

三、教练是企业中促进人才发展的有效方式

在 VUCA⊖时代，管理的方式也需要更加灵活。一是管理者已经没有了信息和知识的独占性，不见得比员工更专业，且很多业务也是全新的，过去的成功经验不一定适合变革的需求；二是企业的文化更加开放创新，对知识型员工不能再用传统的科学管理的方式，需要发挥他们的创造性；三是随着"85后""90后"成为职场中坚力量，"95后"也踏入职场，由于他们的互联网原住民的身份和"不差钱"的特点，使用外部激励难以激发员工的主动性和归属感，必须激发他们的内在动力。

从体育教练发展而来的教练技术融合了心理治疗的方法，整合了语言学、神经科学、社会学等多门学科，成为既有理论又有实用方法，既发展人的理性又发展人的感性和灵性（我更愿意将灵性称为"系统"），助力普通人终身成长，让人生更加幸福的有效技术。

教练技术可以激发人的内在动力，促成人主动改变。因此越来越多的企业也引入教练服务，从一对一教练到团队教练，教练被认为是效果最好的人才发展方式。

培训+教练式辅导，或教练式培训+辅导，在实施后的3个月到6个月甚至更长的时间内会带来参训人员行为和绩效的飞跃。IBM曾经组织过一个调查，报告显示组织花在教练方面的投资回报率是5.63，远远超过其他方面的投资。IBM也是最早引入教练的两家大企业之一（另一家是通用

⊖ VUCA 是 Volatility（易变性）、Uncertainty（不确定性）、Complexity（复杂性）、Ambiguity（模糊性）的缩写。

教练式沟通
简单、高效、可复制的赋能方法

电气),并且在郭士纳时代便因为用教练来提升管理层的领导力,帮助整个公司的业绩大幅度提升,免除了拆分的厄运。

职场中,你如果能遇到教练式的领导者,是非常幸运的,你将以更快的速度成长。反过来,如果你带团队,那么发展你的教练能力,赋能团队,将让你的团队成为高绩效、可持续、快增长的团队。

领导之道就如同《道德经》所云:太上,不知有之;其次,亲而誉之;其次,畏之;其次,侮之。信不足焉,有不信焉。悠兮,其贵言。功成事遂,百姓皆谓"我自然"。(最高明的领导,人们仿佛感觉不到其存在;次一等的,赢得人们的亲近赞誉;再次一等的,使人们畏惧害怕;更次的,遭人们侮慢轻蔑。如果诚信、信誉不足,那么自然也就不相信他了。悠然自得,无须发号施令。大功告成之后,百姓会说"我们本来就是这样的啊"。)

四、持久的改变都是由内而外的

其实不光是管理者与下属的对话,甚至是与上级的对话、跨部门的沟通、跟客户的沟通,都可以使用教练式对话。

朋友之间的对话,也可使用教练式对话。平时里朋友之间相互吹吹牛、吐吐槽,就算有什么烦恼,最多是大家一起骂一骂,心情舒畅了,但思维上未见得有什么改变,大家散去后,该有什么烦恼还是有什么烦恼。

教练式的对话,关注点在引发被教练者的觉察。提问而不给建议,让被教练者自己寻找解决方案。这个过程特别像是教练陪着被教练者在路上,被教练者说我想去山谷看看,教练说,好啊,你为什么想去山谷呢?你觉得山谷是什么样子的呢?从这里去山谷有几条路呢?你想走哪一条?路上会遇到什么?……教练陪着被教练者一路走一路看,被教练者在对话中拓展了自己的意识空间,看到了平时自己注意不到的思维模式,也会积极主动地思考,自己承担责任。教练对话很高效,而且在对话之外仍然会发挥作用。被教练者通过明晰自己的愿景和目标,找到自己生命中的能力、资源、优势,不断发挥自己的潜能,从而活出自己想要的样子。

因为教练会引发被教练者的思维改变，帮助被教练者的大脑建立新的连接，从而改变思维模式。一切有意义而持久的改变都是由内而外的。

精彩回顾

1. VUCA 时代，人们需要更加关注人、关注未来，从而发挥个人的内驱力。
2. ICF 认为教练是被教练者的长期伙伴，通过创造性地引发被教练者深度思考的教练过程，激励被教练者最大化地提升自我认知，发掘职业潜能。
3. 教练式的对话，关注引发被教练者的觉察。提问而不给建议，让被教练者自己寻找解决方案。
4. 当我们被卡住的时候，可以给自己以下几个强有力的提问：
你觉得你的情绪最想要传达什么？
当你实现了自己最重要的目标，你的生活有什么不同？
过去的经历，让你从中学到了什么？

你的工作需要你戴哪几顶帽子（角色），试着画一画。

第二章

人发生改变的物理基础——神奇的大脑

> 你的命运不是由你的意识决定，而是由你的潜意识决定。
>
> ——斯蒂芬·吉利根，《潜意识之门》

第一节 你以为的就是你以为的吗？
——头脑的欺骗性

《高绩效教练》的作者约翰·惠特默曾说过："我们只能控制我们意识到的东西，而意识不到的东西反过来就会控制我们。"

当你作为教练，开始自我觉察的时候，便能发现其中的奥妙和趣味。

一、其实是想要避开这个瑜伽体式

小芳一直练习昆达里尼瑜伽，遇到一个体式特别难做，所以每当做这个体式的时候，不是觉得渴，就是身体哪儿痒痒，要不就是忽然想起来有一件事情没有做。总之，不是这事就是那事。

在以前，小芳不会意识到这是潜意识中的恐惧在捣乱，会认为事情就是这样！现在小芳有了更多的觉察，她注意到自己连续好几天都是这样，想要避开这个高难度的体式。

小芳便对自己的潜意识说：放松，一开始能做多少就做多少。只要做了，小芳就使劲夸奖自己，慢慢地，她做得越来越好，到现在再做这个体式的时候，就不会有各种干扰了。

如果你能带着觉察，就会发现我们的语言和行为都受潜意识影响。

你忍不住对孩子发火，意识上认为就是孩子不听话我才发火。但如果深入到潜意识会发现另外一种可能，你发火是因为对事情失控或者无力，你只有看到真相才有机会解决问题。

所以，我们要学会带着觉察去观察我们的想法、情绪、行动，从而看见我们内心深处的真相。

二、冷战背后的情绪和想法

小芳最近和先生冷战越来越多，彼此厌烦。小芳寻求教练的帮助。小芳最初的情绪是伤心和无助，觉得最近工作特别忙，先生却一点都不支持她，所以她不想和先生说话。这是小芳看到的表层现象。

在教练式对话中，小芳又觉察到她伤心和无助的情绪之下是厌恶，背后的想法是认为先生不求上进，表现出来的行动就是不搭理他。

进行到这里，对小芳依然没有帮助，因为小芳自己也意识到了这些，还是无解，依然对她的亲密关系议题没有帮助。

教练又问了小芳一个问题："当你认为你老公不求上进的时候，你是谁？"刚才还在自怨自艾的小芳突然被这个问题问呆了，就像遭到当头棒喝一般惊醒了。"是的，当我厌恶我老公，指责我老公不求上进的时候，我是谁？我不就是一个自以为是、傲慢的家伙吗？因为我的傲慢，我的偏见，我认为我就是对的。"

因为小芳是一个特别有觉察力的人，她也给自己做过教练，但一直找不到出口，而今天经由她的教练一个强有力的提问，让她看到了问题的实质，看到了意识背后的潜意识。

教练式沟通
简单、高效、可复制的赋能方法

当小芳的潜意识深处带着"老公不学习成长，老公不求上进，你看我每天都在学习成长，我多好，多优秀，多上进"的想法，带着这样的偏见，就会有厌恶的情绪，小芳的行动就是去指责对方。而小芳的指责又会引起爱人的反感，两个人就陷入了斗争，你反感我，我讨厌你，你不和我说话，我就每天给你一副臭脸。亲密关系就受损了。

但幸运的是，小芳通过自我觉察和教练的帮助，看到了意识背后潜意识的评判，从而找到了问题的真正原因。

她看见了自己的傲慢与偏见，放下了自己的傲慢与偏见。当她带着平等和爱看待先生，先生也卸下了自己的盔甲，爱重新在亲密关系中流动。

语言、行为、情绪的背后是我们更深层次的需求，也就是潜意识想要表达的内容。我们每个人都是一个完整的、拥有资源的人，但当我们没有觉察的时候，我们就无法看到更深层的意义。当我们带着觉察，就会更清晰地看到潜意识深处的需求。看见即自由。

教练是关于改变的学问，而改变的物理基础就是我们的大脑，大脑是我们心理活动的物质基础，决定着我们的感知、思考和人际互动。大脑只有1400克的重量，但耗能达到人体的20%左右。作为万物之灵的人类拥有高度发达的大脑。深入了解大脑的运作原理，可以让我们更好地利用大脑。

第二节　识别大脑结构，更好运用大脑
——三层大脑假说

美国国家精神卫生研究院的神经学专家保罗·麦克里恩（Paul Maclean）于20世纪60年代提出了"三脑"（triune brain）假说。这个理论根据进化史上的先后顺序，将大脑分成爬行动物脑（reptilian brain）、哺乳动物脑（paleomammalian brain）和新脑（neomammalian brain）三大部分。每部分的脑既和其他两部分通过神经纤维相连，又相对独立。这种分类方法有解剖学研究的支撑，虽然大脑的真实情况远比这种分类要复杂，

但这个模型还是可以帮助我们理解人们的行为和教练的作用原理。

大家可以伸出右手，大拇指弯曲放到掌心，其余四指包住大拇指。这就是个简化的大脑模型。指关节的前面就是脸的方向，手背则是头的后部。手腕代表脊髓。打开四指，手腕以上的手掌部分对应爬行动物脑，拇指代表哺乳动物脑，四指和手背就是新脑。

一、爬行动物脑（爬虫脑）

脊柱最上端连接的是最古老的大脑——爬虫脑，爬虫脑位于大脑的最里层，约有1亿年历史。由脑干（延髓、脑桥、中脑）、小脑和最古老的基底核（苍白球和嗅球）组成。这部分大脑负责人类的基本生存需求，如呼吸、心跳、睡眠和觉醒、繁殖等。它即使在深度睡眠中也不会休息，24小时处于工作状态。

爬虫脑让你对外界的威胁非常敏感。比如你的手碰到了火，你还不知怎么回事的时候，手已经缩回来了。母亲睡得很熟，外面的火车经过都不知道，但只要婴儿有一点动静，马上就会醒来。没见过蛇的小孩看见蛇的图片会害怕，会怕黑。这些反应都是与生俱来的、扎根于基因的本能反应。

爬虫脑是爬行动物如蜥蜴、鳄鱼也拥有的大脑结构。大家可以想象一只蜥蜴是如何生活的？它的生活全靠自动自发的本能反应。这些反应是固定的、僵硬的，无法改变的。爬虫脑没有社交需求，你很难跟蜥蜴交朋友。

在马斯洛的需求层次中，生理需求是最底层的需求，其次是安全需求。所以要让这部分的需求得到满足，才会有精力顾及其他，比如发展的需求。

在爬虫脑的操控下，人与蛇、蜥蜴有着相同的行为模式：呆板、偏执、冲动、敏感、一成不变等。被情绪绑架就是爬虫脑被激活时产生的过度反应。人在面临"最后期限"的时候，爬虫脑也会被启动，尽管此时的反应是迅速的，但是很难产生创新思维。

教练不在这个层面与被教练者工作，而且需要通过一些设置避免触发它的反应。比如要跟被教练者在舒适的环境中沟通，旁边不能有一大群人或刺耳的噪音。教练要保持情绪的平静，不否定和批评被教练者，也不在被教练者没有准备好的时候突然挑战他。

二、哺乳动物脑（情绪脑）

像手套一样包在爬行动物脑外面的是哺乳动物脑。顾名思义，这是哺乳动物都有的大脑结构。哺乳动物脑又称为边缘系统（limbic system）。包括海马体、扣带回、杏仁核等大脑结构。边缘系统参与调节本能反应和情绪行为，我们常把这部分脑简称为**情绪脑**。

其中，海马体能够将短期记忆转化为长期记忆。但创伤经历、饮酒、高强度的情绪等都会妨碍这个过程。所以人喝酒以后容易激动，也会忘记醉酒之后发生的事情，俗称"断片儿"。

杏仁核负责创造情绪并产生与之相关的记忆。所以人对有强烈情绪的事情总是记得很清楚。如果你看过电影《头脑总动员》，你一定记得小女孩莱莉的记忆球总是带有情绪的颜色。

爬虫脑和情绪脑经过漫长的协作，已经可以密切配合。二者共同连接身体意识和情绪意识，提供了主动记忆和当下意识。情绪脑会把过去学到的东西与当下体会到的东西结合起来，但不会想到将来和长远的结果。

情绪脑支持更多的复杂情绪，例如轻蔑、嫉妒、感激。这些复杂情绪帮我们应对复杂的社交情景。哺乳动物的母亲会对孩子有更多的情感投入和守护。在高级哺乳动物的生活环境中也会有等级制度。

我们都喜欢群体行动，因为在原始社会，离开群体往往意味着死亡，所以人们有强烈的归属需求（在马斯洛的需求层次理论里，归属和爱的需求处于第三层）。人们也会通过把个体驱逐出群体对其进行惩罚，例如断绝关系、驱逐出境、关进监狱或关禁闭等。当人们被排斥的时候会很难过。同样，如果社交需求没有得到满足，人们也很难想象未来。

哺乳动物脑以简单的、非黑即白的方式来思考问题，没有灰色地带。

所以缺乏更多的创造性。同时，它倾向于"不变"，即维持我们已有的一些习惯模式。

当情绪需求没有得到满足的时候，人们听不进去道理。一项关于反馈的调研表明：有62%的反馈是有效的，而另外38%的反馈是无效的。无效的反馈让人们更多地注意到自己怎么样，而不是事情怎么样。所以俗话说"对事不对人"，就是要防止情绪脑占上风，让人无法专注于任务。我们也常说，先解决心情，再解决事情。

但情绪脑让我们有学习能力，可以通过学习、刻意练习、反馈、强化，后天培养一些习惯。我们因此有了更多的灵活性和弹性。

我们的情感和能量状态往往以非言语的方式表达出来。所以通过观察非语言信息，即语音语调、肢体语言可以识别他人的情绪情感。教练可以在这个层面工作，注意被教练者的非语言信息，就可以了解被教练者真正的动力在哪里。同样，教练也可以通过语气语调和身体语言去影响被教练者。

教练对话前，教练首先需要跟被教练者建立亲和关系。对话的开场，教练使用朋友一般的语音语调，接纳和共情被教练者，赞美被教练者，让被教练者感到被尊重、被包容、被接纳，被教练者的情绪脑就会放松。教练也要经常了解被教练者的重要他人，引导被教练者从重要他人的视角看待自己和自己所处的情境，也有助于被教练者产生觉察。

我们讲授教练课程，在课堂上公开做演示的时候，被教练者的情绪脑会感到紧张，因为人们会面临一些社交压力，如担心自己的表现不够好、担心人们的评判等。所以我们会提前说明，观摩的学员是护场的，大家是支持的、保密的，同时让被教练者想象有一面黄帘子，拉上之后，就看不见学员了，好像场内只有教练和被教练者两个人。

三、新脑（大脑皮层）

占据脑腔大部分空间的是大脑皮层，也就是前面说到的新脑。这部分大脑演化发展了大约 200 万年，也是真正使人类区别于动物的"高级"脑区。我们常说的"说话不经过大脑""脑子进水了"针对的就是新脑。

新脑中最重要的部分是前额叶，在额头后方的前额叶皮层被认为是理性中心（就是用手比喻的大脑模型中的四指部分）。它能够抽离看待我们所处的环境和我们自己的思维过程。认知心理学有个"元认知"的概念，是"对认知的认知"，就是指我们似乎能够与我们的思维拉开一个距离，能够看见我们的思维过程。

这部分大脑的主要能力包括：

1. 创造力

当我说："现在想象在你眼前飞过一条龙，它是什么颜色的？"

你可能就真的会在想象中"看见"这条龙。

新脑是视觉性的，它可以"无中生有"，产生从来没有出现过的东西的意象。所以我们可以想象我们的未来，能够制定目标、策略和计划，并集中注意力去达成目标。

2. 讲故事

大脑皮层具有语言能力，人们很善于讲故事。但故事并不是真相，是"我们头脑认为的"真相。讲故事的好处是可以给我们的人生赋予意义，然而坏处是我们可能会陷在自己编的故事里，比如祥林嫂的故事是一个受害者的悲惨故事，它会使祥林嫂面对任何事都展现出受害者的状态和行为。反过来，我们可以学习叙事治疗的方法，改写我们的故事，发掘出对我们有帮助的意义，从而推动我们进步。

3. 处理复杂信息

我们可以整合过去、现在、未来，不同领域的信息，可以接受灰色地带。这可以让我们更加灵活。

4. 两种注意力

左半脑倾向于聚焦于目标，右半脑倾向于让我们更加关注周边的特别的东西。

教练主要跟被教练者的合作是这一部分的大脑合作。合作的主要方式包括：

1. 帮助人们畅想尚未成型的未来，并看到哪些是重要的

《高效能人士的七个习惯》一书的作者史蒂芬·柯维博士曾说："人们的现实经过两次创造，一次在头脑中，一次在现实中。"

运动员会通过想象完成高难度的动作，并确实可以提高运动成绩。

所以我们帮助人们预演未来，就会让被教练者放松，并感到更多的激励。

2. 帮助人们以新的方式讲故事

教练听故事跟一般人不同，教练关注的是故事的讲述方式，其中体现了被教练者的思维结构。教练引导人们的注意力，让人们对处境和自己有更深的洞察。从而通过以新的方式讲故事改写自己大脑的操作系统。

3. 增加灵活性

我们以打分的方式，让大家看到在"没救了"和"成功"之间有更多的量度，而不是非黑即白的。从而使改变成为可能。

4. 调动两种注意力

帮助我们看着目标，从 A 走到 B，同时一边走一边看周围没注意到的东西，产生一些觉察。

当我们和大脑皮层合作工作一段时间之后，也会影响到哺乳动物脑。最终使整个大脑协调一致，共同帮助被教练者变得更好。

第三节　意识和潜意识手拉手

一、帮助生存的潜意识

安迪·寇克是一名消防员，他有 20 多年的工作经验。在 2001 年 10 月 5 日这天，一处废弃的游戏厅起火，安迪团队全员出发，赶往现场。那是一场大火，不过安迪认为，现场足够安全，可以让他的队员进去灭火。当时到处都是黑烟，大家都很紧张。过了 5 分钟，火势好像变得小了一点。

接着毫无来由地，安迪产生了一种奇怪的感觉：事情不妙。他告诉队员马上撤退。队员们认为他们已经控制住了火势，对命令表示抗议。但安迪说不行，你们一定要出来。

突然间，房子整个炸开了。屋顶全塌了下来，墙壁也倒了，火焰冲到 40 英尺高。大家拼命跑出房子，虽然有人被水管绊倒，吸进了不少浓烟，但所有人都安然无恙。

安迪救了大家一命。

事后，调查人员找出了爆炸原因：复燃。复燃常在密闭空间发生。当氧气燃尽，火焰就变成了无法预测的不定时炸弹。这是火灾中最危险的一种现象。

不过复燃现象十分罕见。安迪又是如何知道会发生意外的呢？

神经科学家对此的解释是：安迪的潜意识已经发现了危险信号，只是他还没有意识到。

科学家发现：在我们毫不知情时，脑部前方有个部分不断扫描周遭的世界。然后将信息与过往经验比对。

安迪将这场火灾和过去 20 年间经历的每一场火灾比对。虽然没有意识到，但他的"扫描器"还是很快发现了 3 个不寻常的状况：

第一，烟的颜色是橘红色，跟大多数火灾不同。第二，空气被吸进了房子里面。而一般来说，门打开时，空气会往外流。第三，火灾没有声音。而通常大火燃烧时会发出声音。

大脑于是发出警讯，他感觉到不安。这种感觉就是我们常说的"直觉"。

在这种生死攸关的时刻，我们相信直觉通常不会错。直觉是一种无法言说的感觉，你无法解释，但也不应该忽略。

二、新潜意识

潜意识的说法是精神分析学派宗师弗洛伊德首次提出的，用来形容主宰人的行为，但人类自身无法察觉的精神过程。潜意识中暗藏着人压抑的性欲和各种防御机制。

但弗洛伊德受当时的科学技术水平的限制，并没有以科学的方法来研究验证他的理论。

正统心理学家对潜意识这个概念有长期的抵制。并认为我们的行为都受意识支配。

神经科学的发展，让人们对潜意识有了更多的了解，而且这个概念已经不同于弗洛伊德所说的潜意识，所以应该叫"新潜意识"。为了方便，以下仍然称为潜意识。

什么是意识？什么是新潜意识？它们很难给出一个定义，更容易做一种描述。意识是你正在感知的和正在主观体验的经历。潜意识像后台自动化运作的一个大型加工系统。 打个比方，潜意识是我在听我在看，而意识是我知道我在听我在看。其实大部分心理活动是在潜意识中运作而无法被意识到的。《高绩效教练》中这样描述：意识有点像手电筒的光，我们把光束指向哪里，哪里就能在黑暗中显现出来。

人的行为大概有95%是受潜意识控制的自动化反应。潜意识反应非常节能。而运用意识做分析判断一是速度慢，二是需要大量的脑神经活动，会消耗大量的能量。

最关键的是，潜意识的速度和敏捷性会在危险的时刻拯救你。想象一下，在原始时代，你走在丛林中，忽然感到有个细长弯曲、色彩斑斓的东西盘绕在树上，你大脑中的杏仁核立刻报警，肾上腺素迅速分泌并释放到全身，你心跳加速、呼吸变浅、撒腿就跑。跑出20米以后，你才意识到你看到的是一条毒蛇。

假如看到细长弯曲、色彩斑斓的东西后，你停住、观察、研究一下这是什么，等到你判断出这是一条蛇，你可能已经被咬死了，你的基因就无法流传下来了。

潜意识就是我们进化过程中不断发展并遗传下来的能力。它塑造了我们的思维感受，以及回应整个世界的方式。

我们偏爱与我们有同样特点的东西；我们品尝葡萄酒的时候，会认为价格更高的葡萄酒更好喝，产品的设计、包装、分量大小和产品介绍都能影响我们；我们更喜欢有生动形容词加以介绍的菜品；男士选择女朋友的标准可能是温柔、可爱，而实际上最受男士欢迎的是那些腰臀比在0.6到0.7之间的女性，原因是潜意识告诉我们，这样的女性生育能力更强，而生育繁衍是动物和人类基因中仅次于生存需要的压倒性需要。

潜意识会影响我们如何看待自己和他人、如何看到我们日常活动的意义，决定了关乎生死的快速判断和决策能力，以及我们在本能体验中所采取的行动。

三、意识和潜意识手拉手

美国著名脱口秀主持人奥普拉曾经成功瘦身，在一期访谈节目中，她展示了巨大的一坨脂肪，那是她减掉的体重。然而6年后，她又胖了回来。为何意识告诉你奶油蛋糕热量高，可是你仍然控制不住大快朵颐？

为何靠节食的减肥几乎都会剧烈地反弹？

因为在原始社会，食物匮乏，人们知道饥荒很可怕。当你节食的时候，你的大脑会以为发生了饥荒，会立刻降低你的新陈代谢速度，以尽力维持体重。而当你稍微放松，吃点好的，你的大脑又会赶紧把吃进去的每一口饭都变成脂肪储存起来。

潜意识是所有脊椎动物大脑的标配，是我们动物性，或者孩子气的一部分。套用丹尼尔·卡尼曼的说法，潜意识是系统1，意识是系统2。系统1在后台自动化运作，简单直接，大部分时间是有效的，尤其是运动技能，更是要靠系统1的力量。系统2则运算缓慢，处理能力有限，但可以避免我们做蠢事，可以支持复杂、高级的分析和思考。

借用《象与骑象人》的比喻，意识就好像骑象人，潜意识就像大象。骑象人指引方向，但如果大象不想走，骑象人也没办法。只能把大象哄高兴了，大象才愿意走。

人要想改变，必须让意识和潜意识手牵手合作。在愉快和放松的时候，大象最愿意听话。

比如你想要健康，选择了跑步这种锻炼方式。第一天一口气跑了5公里，结果第二天就腿疼，于是你的大脑告诉你，跑步是不好的。更好的方法是第一天只跑400米，你大气也不喘，觉得好简单。干脆第二天410米，以此类推很快你就能轻松跑5公里。你说跑400米我也不行，那好，你就穿好运动服，到外面站一会儿吧。

《微习惯》一书告诉你，每个习惯的养成，应该从最小的改变开始。不能让你的大脑觉得难，否则它会让你直接放弃。

而如果你能一直保持积极情绪，你会展现更加积极的自我。心理学研究发现，人们有积极情绪时，更容易与他人进行互动，更乐于帮助他人，在谈判时更容易合作，更可能在面临冲突时找到建设性的解决方法。他们也能更好地解决问题，对成功更有积极性。

结合脑科学家的研究，人们研究出很多方法帮助人们最大限度地发挥潜意识的力量。例如运用视觉化想象提高运动成绩、用混乱来激发创造性、训练自己的记忆力成为"超强大脑"、通过密集训练使中风病人重新走路和说话等。

第四节　你可以塑造你的大脑

一、大脑的可塑性

人的大脑中不同的脑区有各自负责的功能，科学家发现不同部位的大脑损伤后，人会有不同的病理表现。随着神经科学的发展，科学家绘制出了非常精细的大脑地图。曾几何时，大脑功能区域特定论一统天下，这个学说认为大脑损伤带来的功能丧失是无法修复的。但越来越多的研究表明，我们的大脑并不是刻板地分成不同区域，而是遵循"用进废退"原则。

迈克尔·梅策尼希的一系列实验验证了神经可塑性。梅策尼希先是切除了猴子的中指，3个月后，他发现负责猴子中指的"大脑地图"消失了，但食指和无名指的大脑地图扩张开来，侵占了原先中指的"大脑地图"区域，看来大脑不会浪费资源，你不用，就被别人据为己有。

梅策尼希也注意到同种动物有相似的地图，然而却不可能一模一样。事实上大脑地图是动态的，随着对环境的适应一直在改变，人的大脑具有可塑性。

认知心理学对神经活动有各种解释模型，现在比较被认可的是神经网络学说，即我们的认知功能是不同的神经网络作用的结果。你可以把大脑神经网络想象成纵横交错的交通网，有些是又宽又直的高速公路，有些是羊肠小道，有些公路长时间不走已经荒废，还有的是面对面的两座山，中间是山谷，根本没有路。

你做数学题、跳舞、画画都有各自的神经网络。精通程度不同，交通网也不同。专家和新手的区别是，专家的大脑神经网络更加密集发达，会有新手没有的连接路径。所以专家会想到新手想不到的解决方案。

成为某一领域的专家其实是知识和经验累积多年的结果。第一次的学习就好像在两座山之间搭桥,非常困难。随着学习次数的增多,我们不断加固拓宽这座桥,最后你可以开着车过去。

《重塑大脑,重塑人生》一书中谈到了一个中风老人奇迹般恢复的案例。

巴赫·利塔是科学家兼复健科医生,他对大脑和复健的研究始于父亲的案例。

他的父亲在65岁时中风,半边脸和半边身体麻痹,不能说话,医生告知他的哥哥乔治,他的父亲没有复原希望。

乔治当时是墨西哥医学院的学生,他安排父亲去医院做复健,常规的复健疗程为4周,每次1小时。但4周后没有任何进展。乔治便亲自照顾父亲。

他不懂复健,但凭着本能,他决定让父亲自己训练,不会走就先从爬开始。靠墙爬了几个月,接着让父亲截住滚动的弹珠,或者用虚弱的右手拣硬币。父亲每天用好几个小时练习,且取得了惊人的进步,从爬到用膝盖移动,到站起来,到走路。3个月后开始有说话的迹象,后来用打字机写作。

一年之后,父亲几乎完全恢复了,68岁时已经能回学院教书。

父亲在72岁因爬山时心脏病发作去世,医生解剖了父亲的大脑,发现父亲的脑伤主要集中在脑干以及大脑皮层顶叶负责运动的区域。从大脑皮层到脊椎的神经有97%被破坏了,所以父亲会半身瘫痪。医生和巴赫·利塔都不相信人可以从这么严重的脑伤中恢复。

训练的关键是要有足够的时间,每天至少要超过3个小时,并连续6周以上。

二、神经可塑性的两面性

从上述对神经可塑性和刻意练习的阐述,相信大家已经知道要想实现大脑的持续改变,必须有足够强度的练习,而且因为大脑"用进废退"的特点，即使你已经学会，也需要经常性地实践，否则就会生疏。

而如果你一直重复不好的行为，同样会改变你的大脑。

大脑中的奖励机制会让我们对一些行为上瘾。例如打游戏、赌博、吸毒。科学家解剖上瘾者的大脑，会发现其中物理性的改变。

在文明的发展中，我们的大脑一直被阅读、电视、游戏机、智能手机、现代工具塑造着。你每天可能有六七个小时都在使用手机，没有导航就找不到路，每天必须喝两杯咖啡才能保持精力，一旦丢了手机通讯录连父母的电话号码也不记得，每隔几分钟就要检查一下邮件或微信，注意力比金鱼的还要短。

大脑中的神经网络就好像我们修的路，一旦修好，我们就总是习惯性地走这条路。要开辟一条新路，需要更多的时间。所以你要建立一个新习惯，必须有足够的训练，让新习惯抢占你的大脑领地。

童年时，大脑的可塑性高，因此电子游戏等外部事物对孩子的影响更大。所以要特别注意给孩子一个好的成长环境。成年以后，神经可塑性下降，人们就变得古板，不灵活，不愿意改变自己的看法。所以人需要不断学习新东西，让自己能保持思维的活跃，并预防老年痴呆。

三、教练怎样帮助你塑造大脑

教练过程是怎样促进神经可塑性的呢？

1. 打破旧循环，树立新目标

被教练者往往卡在问题里，当他一遍一遍地思考问题的时候，他就在加强与问题相关的神经连接。所以看不到其他的可能性。引导被教练者畅想未来的愿景，就是让被教练者在大脑中建立新的神经连接。而愿景会带来能量的提升、积极的情绪感受，被教练者就愿意在现实中去实现目标，因为新的神经连接加强了。根据社会建构理论，人的现实是建构出来的。未来在没有描述的时候是不存在的，但当人能够栩栩如生地看到并将其描述出来，未来就存在了。

2. 引导被教练者的注意力

达成目标需要专注于目标，对与目标无关的事情说不，教练要一次次地提醒被教练者聚焦于目标，关注所在，能量所向（你的关注点会引导能量的流向）。这样被教练者就可以把能量使用在实现目标上。

3. 学习新的思维模式

人们的思维就好像一支一支的管子，人们看到的世界总是管中窥豹，以为自己看到的就是全部的现实。教练首先要提高被教练者的觉察，发现自己的思维模式。继而通过有力的提问，帮助被教练者看到之前忽略的现实，看到对自己来说重要的、想要的、被自己忘掉或忽略的能力、资源和优势，看到自己的社会支持系统。只有拓展了思维空间，被教练者才能看到更多可能性。

第五节　如何让你的大脑更健康

大脑研究最近二三十年来取得了突飞猛进的发展，科学家发现，我们的生活方式会塑造我们的大脑。

一、健康的大脑

美国临床神经科学家丹尼尔·亚蒙收集了12.5万人的大脑扫描图，亲自观察了5万个大脑扫描图，他发现不同的人有不同的大脑形态。

假如大脑受伤，或者大脑某部位的活动水平出了问题，人的行为也会出问题。前额叶和颞叶活动水平过低，会导致学习能力缺失和暴力倾向；前扣带回活动水平过高，会使人僵化不灵活，容易固着于消极想法；抑郁症可能源于边缘系统活动过量；严重的焦虑则是由于基底神经节超时工作。

所以说杰出的心智始于健康的大脑。所谓杰出的心智，包括个人责任感、清晰的目标、高度集中的注意力、持续的努力、有效的社交技能、控制冲动的能力、足够的动机、诚实以及创造力。杰出也意味着平衡，不平衡的大脑也可能有惊人的成就，但个体不会拥有平衡的生活。

健康的大脑是能在各种情境中适度反应的大脑，是在生理、心理和社会交往层面平衡的大脑。好消息是，我们的大脑具有可塑性。选择适宜的环境、良好的人际互动、锻炼身体、刻意练习、补充营养都会在后天塑造我们的大脑。

二、影响大脑健康的因素

大脑被坚固的头骨保护，但撞了头，大脑还是很可能受伤。即使没有明显的生理症状，但可能有情绪和行为方面的困扰。随着年龄的增长大脑体积会变小，活动能力也会减弱，所以年纪大了会记性不好，思考速度变慢，严重者还会患上阿尔茨海默症。

除了受伤和自然老化，还有很多因素会影响我们大脑的运行。

第一个影响因素就是水。

你可以尝试一下这个实验：当你觉得极度缺水的时候，用一只不常用的手举一瓶1.5升的矿泉水，感觉一下动作的流畅度。然后弯腰，双臂自然下垂，看看指尖可以接触到哪里。

然后你喝水（只是水，不是饮料），觉得足够的时候，再试一次。你会发现喝水之后，你能更轻松地举起矿泉水，指尖也能够到更远的地方。

大脑中80%的重量是水。当大脑中有足够的水，大脑给你的肌肉下指令时，神经传导更快速、更平顺，所以你的运动能力会比大脑缺水的时候要好。学习、健身、跑马拉松时一定要定时补充水分。喝水的最好方式是少量多次，而不是要么不喝，要么牛饮。

很多时候你之所以动作变形，不是肌肉疲劳，是大脑的活力不够，大脑觉得你做不到，所以你的身体也就表现得做不到。扫描健康大脑，会发现它的外观是比较圆润平滑的。而健美运动员在比赛前为了使肌肉线条好看，经常要脱水。扫描发现，他们的大脑看起来也会变得"干瘪"一些。

咖啡会让大脑缺水,所以一天摄入咖啡的量最好不超过两杯。

第二个影响因素是血流量。

大脑对血液流动和氧气供应的需求占整个身体总需求的20%。血液给大脑带来氧气、糖分、维生素及其他营养物质,并带走二氧化碳和其他有毒废物。

尼古丁会限制身体各个器官包括大脑的血液流动。其他因素包括紧张、咖啡因、脱水、动脉疾病、糖尿病、环境毒素、缺乏睡眠、缺乏锻炼、吸毒或酗酒。

食用鱼油(含不饱和脂肪酸)、银杏、人参等有助于促进血液流动。

第三个影响因素是生存环境。

如果孩子出生后第一年的成长环境是机构性的环境,比如孤儿院,那么严格的、无法预测的,有时是被忽视的环境会造成极端的压力,可能导致孩子有更大的杏仁核、更小的海马体。这些孩子可能在情绪的调节、社会环境适应方面出现问题,对有消极表情的面孔更敏感。

童年受到虐待的孩子,大脑也会受到影响。

父母屈从于孩子的抱怨和哭闹,就是在教会孩子的大脑学会抱怨或哭闹。允许孩子与父母无休无止地争论,会让孩子更加僵化不灵活。

第四个影响因素是营养。

有句话说得好:"你就是你所吃的东西。"人体在不断制造和更新细胞,而食物提供了原材料。如果你总是吃快餐,你就会有个"快餐大脑"。

英国南安普顿大学心理学系的一项研究表明,食品染料和食品添加剂对儿童的大脑不利。3岁至9岁儿童连续三周饮用含有食品染料和苯甲酸钠的饮料,饮用后一个小时内明显更爱动。

我们尤其要少吃糖。糖会导致血糖水平急剧攀升,然后又急剧下降,让你觉得疲倦易怒。

三、让大脑更健康的做法

1. 远离危险的行为和环境

橄榄球、拳击、极限运动……都可能造成大脑损伤。而大脑损伤会导致感知等功能等受损。有些损害并不容易被注意到,但却会影响当事人的生活。

身处有毒的环境也会伤害大脑。

所以要远离危险的行为和环境,尤其是青少年,他们追求刺激、爱冒险,但大脑还没有完全发育成熟,因此更要保护好大脑。

2. 营养均衡

多样化饮食,一般的推荐是碳水化合物供能占全日总供能的55%至65%,蛋白质占10%至15%,脂肪占20%至30%。多吃低密度碳水化合物,例如西兰花、菜花、四季豆、胡萝卜。尽量食用不饱和脂肪酸。

大量饮酒则会让痴呆的风险大大升高。每天喝咖啡最好不超过两杯。假如喝咖啡,要按1杯咖啡4杯水的量补充水分。可以适度补充维生素和其他营养素。

少吃精加工食品。尽量远离食品添加剂。喝水,而不是饮料。多吃富含色氨酸的鸡肉、蛋、牛肉、三文鱼等食物,色氨酸是合成血清素必要的氨基酸,而血清素是影响"信心",让当事人感到"是的,我能"的神经递质。

3. 锻炼

人是身心一体的。新冠肺炎疫情期间,很多人非常焦虑,心理上的压力也带来了躯体反应,例如失眠、头疼、心慌、茶饭不思或暴饮暴食。"安慰剂效应"则表明,相信自己得到了治疗,真的会让病症减轻,甚至痊愈。这就是心理对生理的影响。

反过来,身体的改变也能促进大脑和心理的改变。跑步半小时,会促进大脑产生内啡肽，这是能让人感到快乐的神经递质。运动还能促进大脑髓磷质的发育，髓磷质是包围在神经元外部的白色含脂肪物质，可以保护并帮助神经细胞，使其工作效率提高 10 倍左右。锻炼还能提升大脑的血流量和氧气的供给。

4. 高质量的睡眠

《睡眠革命》一书对高质量的睡眠提出了很多指导。比如营造合适的睡眠环境（慢回弹的床垫、昏暗的灯光等）；睡前不看电视，避免蓝光影响褪黑素分泌；按睡眠周期的整数倍睡眠（一般人的睡眠周期在 1.5 小时）；每周保证 35 个睡眠周期（少数精力特别充沛的人除外）；固定时间起床、中午和晚上打个小盹等。

5. 认知训练

消极想法、长期忧虑或愤怒、长期处于应激状态都会损害大脑健康。通过调整认知，可以提高人们应对外界刺激的能力。以下是五个方法：

1）畅想自己想要的未来，把愿景画面描述得越细致、越生动越好。并探索自己的价值观和自己想成为什么样的人。可以把愿景画出来或者写出来。每天看自己的愿景，并问自己："我的言行和愿望是否一致？"

2）专注于跟目标相关的事物，抛开跟目标不符合的事情。运用因果思维，考虑长期的收益，如果长期的收益大于当下即时满足的收益，我们要学会延迟满足；如果一个决定让你当下虽感到痛苦，但如果不这样做，长期会更痛苦，那么长痛不如短痛，你需要坚持你的决定。

3）当有消极的想法时，运用转念技巧，即向自己提四个问题：

①它（那个使我紧张的想法或消极想法）是真的吗？

②我能确切知道它是真的吗？

③在相信了这一想法之后，我如何做出反应？

④没有这一想法我会成为一个什么样的人？或如果我没有这一想法，我会有怎样的感受？

4）感恩练习。每天写出三件感恩的事情。感恩练习可以带来积极情绪，减少抑郁，让我们更健康、更乐观。

5）正念练习也可以很好地提升大脑的觉察能力，并减少冲动，提升专注力。

除以上的建议外，不吸烟、避免过多的电子游戏或电视娱乐也有助于大脑健康。活到老学到老，也可以使我们保持大脑的活力。

1. 觉察头脑里的"想法"，不被想法欺骗。
2. 利用我们的大脑皮层，发挥想象的力量。
3. 让意识和潜意识手拉手，为我们的目标而努力。
4. 利用神经可塑性，通过教练对话，改变我们的大脑网络。
5. 整合身心，让我们的大脑更健康。

练习

1. 当感觉到情绪比较激动的时候，去做深呼吸，吸气数4个数，屏息数7个数，呼气数8个数。注意一个深呼吸之后自己有什么变化。
2. 想象一幅未来画面，也许你在旅游，或者读书，描述在画面中你看到了什么，听到了什么，感受到了什么。

第三章

信任是赋能教练式沟通的基石

> 信任不仅是所有关系的关键，它也是组织的黏合剂。信任是维系砖块的混凝土。
> ——史蒂芬·柯维，《第八个习惯》

第一节　信任是沟通的基础

一、信任的程度决定沟通的质量

小芳是一名 PCC 教练（Professional Certified Coach，国际教练联盟认证的专业级教练），她有自己固定的教练，有时候她临时有个话题想要找教练的时候，就看着她的教练名单。她知道有些人很厉害，也知道对方此刻有时间，但她还是不去找。那是什么原因呢？

因为对对方的信任还不足够。尽管对方很厉害，但没有了信任，对方再厉害也和小芳没有关系。

很多年前小芳有一个被教练者，是小芳公众号的一位粉丝，他找到小芳想让小芳给他做教练，那个时候小芳刚刚学习教练，就像一个背包里装了好多工具的技工一样，信心满满地答应下来。

结果一轮教练结束以后，被教练者本来打算做长期教练的，却当时就取消了后面的约谈。小芳觉得莫名其妙，自己不是做得挺好的吗？问了好多好问题，而且也完全按照流程在走，最重要的是还用了一个特别强大的工具，客户怎么还是不满意呢？

等小芳做了300个小时的教练之后，她才深深地意识到自己对当初信任她的被教练者是多么的不公平啊！小芳没有和被教练者建立信任关系，而是卖弄自己的技巧，导致了一次教练沟通的失败。

这是怎么回事呢？

因为他们彼此之间还没有信任关系，所以当她提出一个问题的时候，被教练者就会觉得这个问题有点冒犯。一旦对方觉得被冒犯，即使头脑里知道这只是个练习，但潜意识层面就会产生自我防卫。在自我防卫状态下，人的注意力是有限的，本来要借助教练的提问产生觉察的空间，却用来对抗和防卫，好问题当然就起不到该有的作用。

所以，建立信任关系是沟通的基础。

小芳和小叶是老友，共事多年，又一起学习了教练和情商课程，所以，两人之间有非常强的信任关系，同时是彼此的教练，小叶的教练风格以犀利、清晰、稳准狠的提问为特点，小芳经常在小叶强有力的提问下醍醐灌顶。但小叶用同样的方式去和不熟悉的人做教练的时候，常常很是郁闷，因为她发现她提出的问题不能支持被教练者。后来两人一起分析，为什么同样的方式，效果在小芳身上和在别人身上却完全不一样？就是因为信任关系，当信任关系建立了，彼此不需要太多废话，但如果信任关系没有建立，就开始你的提问，对方会感觉到一枚又一枚炮弹向他袭来。

信任一旦建立，会让教练和沟通高效而又省力。而且信任一旦建立，会让对方建立安全感，当对方拥有了安全感，才愿意去内省，才能看见自己本来就具备的丰盛和富足。当对方因为你们的信任关系而信任自己、愿意敞开自己，这时候强有力的提问就会支持对方产生深度觉察。

所以，无论在教练中，还是沟通中，先建立信任，再开始沟通，事半功倍！

那么如何在一次沟通中建立信任关系呢？

第三章
信任是赋能教练式沟通的基石

在开始一场教练对话时,教练自己先要安静下来,可以独自冥想几分钟,清空自己头脑里的念头、想法等。如果可以的话,还可以找到一个属于自己的隐喻。比如小艾自己就有一个隐喻画面,想象自己是一条清澈的河流,被教练者就是坐在河流边在说的那个人,这条清澈的河流可以映照出被教练者的想法、行动、资源等,甚至还倒映出周围的山和树。

然后,在开始前可以和被教练者聊聊最近怎么样,甚至可以说说你们共同认识的人、喜欢的事情等。

这样就等于建立了一个缓和的开场白,让被教练者慢慢进入教练话题中。

在整个教练过程中,教练还需要去认真倾听客户说的话,并回放客户的关键词。

此外还要关注被教练者的表情和情绪。小艾曾经有一次失败的教练过程,被教练者明显眉头一直皱着,小艾却还用强有力的提问让被教练者到未来去看看他的梦想是什么。被教练者最后皱着眉头说我看不到啊!

这样的过程,就是因为没有关注到被教练者,而且还打破了和被教练者的信任关系。

在结束的时候,也要和被教练者建立信任关系,比如让被教练者自己总结一下在刚才的整个过程中自己的收获是什么、对自己有什么新的认识等。而教练也要给被教练者真诚的反馈和嘉许,让彼此的信任在结束之后还继续保持。

有了信任的沟通,是流动和敞开的,一来一回,就像拉风箱的过程,火苗才能燃烧起来。而没有信任的沟通,就是两堵墙在对话,一个人的话说给了一堵墙,另一个人的话也说给了一堵墙,除了没有流动和沟通,还让自己的状态更加压抑和低落。这样的沟通除了不能赋能还在耗费彼此的能量。无论是一场教练对话,还是一次沟通,建立彼此的信任关系都是首要的。信任的程度决定沟通的质量!

二、有信任才有对话

小叶曾经任职的一家公司，销售团队之间的对话经常是简单粗暴的。某客户经营机构的营销总监说，遇到业绩冲刺压力比较大的时候，他会跟下属说："你怎么还不去催客户回款？"小叶很好奇："下属是什么反应？"

他说："他就乖乖地去催客户了。"

"哦？"小叶更加好奇，"那你们的关系会变差吗？"

"不会，我们都是哥们儿。"营销总监自信地说。

小叶对这个总监有所了解，知道他平时对下属还很不错，关心下属成长，很多下属跟了他好几年，彼此之间有很深的信任。所以他们的沟通才能如此顺畅。

要进行深入的教练对话，信任是基础。

如果没有信任，当下属来找你，你试图让他承担责任，于是你提出标准的教练问题："你觉得呢？"下属可能表面上回答你"我也不知道啊"，内心可能已经有抗拒产生，甚至开始咒骂。

为什么会这样？

也许他有些担心，也许有些过去的负面回忆。他担心：我说错了怎么办？你肯定要修理我。或者就算我说的对，你也不听我的，反正是你说了算。

在这种情况下，教练再走教练流程，再提开放式问题，也没用。所以教练式领导者首先要跟被教练者建立信任关系。

不管领导者和下属过去的关系如何，领导者都可以通过对话来建立信任关系。

回忆你过往的沟通中，一个人是如何让你感到可信的？

是不是当你感到被尊重、被接纳、被包容、被欣赏和被感激时？

教练和被教练者的信任是教练对话效果的保证。

建立信任关系是要搭建一个安全的沟通场域，让被教练者能开放地沟通。信任首先是一种态度，信任还体现在语言和行为中。

第二节　如何建立信任

一、信任的态度

1. 视被教练者为专家

当一个人戴上了教练的帽子，就需要以教练的哲学理念和人性观去看待被教练者。教练哲学和人性观是教练的底层逻辑。

教练视被教练者为专家，甚至是沉睡的天才，完全相信他有足够的潜能，愿意承担责任，知道自己想要去向哪里，并能够积极主动、不断学习、不断进步，通过自己的努力达成自己的目标。教练会站在被教练者整个生命脉络中看到他整个的人生，看到他的梦想、努力、能力、资源优势。教练和被教练者是两个专家在一起工作，教练要放下自己的知识和经验，与被教练者一起，向被教练者学习。

教练允许自己由被教练者引导，被教练者教导教练如何去帮助他。所以每一次对话讨论的议题方向、推进速度都由被教练者主导，而教练则是跟随。

教练也会跟被教练者合作，让被教练者掌握主动权，提出这样的问题：

"此刻我们谈点什么是你最希望的？"

"你最希望问自己一个什么问题？"

几乎每一次被教练者都会提出一个特别棒的问题。

2. 未知好奇的态度

未知就是不知道，好奇，不预设。"合作对话"是后现代心理咨询流派之一，其创始人贺琳·安德森曾经对"未知"有过论述：

"未知"意味着咨询师对他所知道的事情保持谦虚；

"未知"是尊敬的、值得的聆听，对他人的故事保持开放的心态；

"未知"并不意味着咨询师不知道任何东西，或放弃、不使用他已经知道的东西，咨询师的提问、意见、猜测或建议所呈现的方式，传达了一种试探性的姿态，展示出尊重和开放的心态；

"未知"是思维转变的一部分，一种关于治疗关系中的人、关系、行为，以及治疗师角色的哲学。"未知"是一种哲学立场。

作为教练和咨询师在对待未知的态度上是一致的。不同的是，教练几乎是不提建议的。

3. 真诚的欣赏和赞美

人们都喜欢被看见、被欣赏、被认可。所以赞美总是有一种赋能的效果，让来访者对自己更有信心。但不同的人对赞美的接受程度不同，所以教练也不能随意赞美。

赞美有三种方式：

直接赞美

即教练直接表达对来访者的资源、能力、优势的赞美。直接赞美一定要使用被教练者的原词，否则很可能你赞美的地方并不是被教练者所看重的。其实赞美不一定要用语言，有时候用一些语气词（"喔！"）再配合表情，也可以起到含蓄的赞美效果。

间接赞美

教练了解到被教练者的重要他人之后，会问被教练者，那个重要他人会如何表达对他的欣赏。这个重要他人也许是被教练者的领导、配偶、孩子、老师、朋友，甚至可以是未来的自己。我们在做教练的时候，经常使用"未来的自己对现在的自己说几句话"的方式，比如走时间线，或者想象愿景实现后的自己。教练工具"导师桌"也有导师赞美当事人的环节。

自我赞美

教练常常使用应对问句提问，最常用的问法就是"你是怎么做到的"。

这个时候被教练者就会不由自主地回答，他的表述就是对自己的认可和赞美。加拿大焦点解决大师菲斯克老师来中国授课时，我的一个朋友负责翻译，菲斯克老师问她："你的英语这么好，一定花了不少工夫吧？"朋友就讲了自己学习英语的心得，她不光看美剧、背单词，还跟着配音等。讲述这些经历让她感觉特别被赋能。

二、信任的语言和行为

那么教练是通过**做什么**来建立信任关系的呢？

1. 匹配被教练者

有一次小明给小云做教练，小明提了一个问题："假如耶稣站在你面前，他会给你什么建议？"

一向表达简单直接的小云说："我不信耶稣，我相信科学。"

好在小明是很有经验的教练，他顺势改口："想象一个特别智慧的科学家站在你面前，会给你什么建议？"

小云点了点头："嗯，智慧的科学家会说……"

教练过程得以继续进行。

小明一开始使用的语言没有**匹配**小云的思维框架，于是一个看似可以转换视角的提问没有起到作用，还可能引发小云的抗拒。

那么什么是匹配？匹配又是如何起作用的？

匹配是指教练通过模仿跟随对方的语言、语气语调、身体语言和呼吸以及对方的情绪和能量保持一致。

匹配可以在关系和谐的人之间自然发生。

在电影《第六感生死缘》（Meet Joe Black）中，布拉德·皮特饰演的年轻男子乔·布莱克初来乍到，偶遇美丽的苏珊·帕里什。他们一见钟情，越聊越投机。然后两人几乎同时拿起各自面前的调料罐，撒了点调料到咖啡里，拿勺子搅拌几下，又同时拿起咖啡喝，两人的动作表现出不约而同的默契。

有共同行为的人，往往意味着彼此都属于一个种族或一个部落，是值得信任的，所以共同行为是人类社交和合作的基础。心理学研究表明，人们会无意中模仿自己喜欢的人的动作。积极心理学家芭芭拉·弗雷德里克森说，这是因为当我们心灵相通时，我们就会模仿对方。其实反过来也一样。

理查德·怀斯曼在其著作《正能量》中阐释了著名的"表现"原理，即行为会影响人的思想。沟通中，实验员有意识地模仿被试时，被试反馈对前者的评价更高。所以沟通的时候如果你模仿对方的动作，对方也会变得更加喜欢你。

在商业谈判中，能灵活匹配他人的身体语言，会将说服对方的概率提高50%，在推销商品时，引起对方兴趣的机会就会增加两倍，当教练匹配对方说话时的状态，会让双方保持并加深亲和关系。对方会感觉跟教练是"同盟者"。

那么如何匹配被教练者？

具体做法有匹配语言、语气语调、身体语言、呼吸、能量。

◈ 匹配语言

语言是被教练者内心世界的表达，每个人都有自己的语言习惯。就好像帮派的"黑话"，使用一样的词汇才表示是自己人。教练通过回放被教练者的原词，在语言上匹配对方，能够让对方感觉被倾听、被理解。

但语言又有欺骗性，被教练者没说出来的信息可能更为重要，这些信息会不经意间从被教练者的身体语言、语气语调甚至呼吸中表达出来，所以更重要的是在语气语调、身体语言等方面的匹配。

◈ 匹配语气语调

每个人都有独特的说话方式。他的语速是快还是慢？音调高亢还是低沉？说话的语气是怎样的？语调如何转折变化？表达中蕴含着什么情绪？教练都需要去捕捉。

教练的匹配不是去鹦鹉学舌，而是去**接近他们的说话方式**。

假如被教练者低沉地说"我没有应聘到想要的那份工作"，教练如果用高亢的语调说"太糟糕了！那你今天想要专注在什么话题上呢"，这样亲和感就无法建立。

有些被教练者讲话的时候比较**兴奋**，教练就要在自己的声音里加入一些兴奋感。相反如果教练的习惯是以一种兴奋的方式出场，而被教练者是一个深思熟虑的人，语速有点**慢**，甚至有点**悲伤**，教练就需要将语气语调变得低沉一些。

◆ 匹配身体语言

如果被教练者使用大量的手势，教练在说话的时候可以不时地模仿被教练者的手势。比如一个被教练者为自己的某个状态设置了一个"二"的手势（即英文胜利的手势），教练也可以模仿这个手势。当然这种模仿不能过于刻意，模仿的频率也不能太高。

◆ 匹配呼吸

当人们有情绪的时候，呼吸方式也会发生改变，比如愤怒时的呼吸浅而急促，悲伤时的呼吸深而缓慢。教练可以先有意识地跟被教练者的呼吸同频，然后慢慢调整自己的呼吸，可以让被教练者在不经意中跟随改变呼吸，从而改变状态。

◆ 匹配能量

能量匹配，是比较高阶的匹配，是全方位的、下意识的匹配。当教练全身心地关注到对方，就可以感受到对方当下的能量状态。教练可以通过想象类似场景，让自己进入与对方同频的能量状态，就自然而然地与对方匹配了。

教练也可以把观察到的对方能量的变化说出来，比如说"我注意到你刚才长吁了一口气，你的内在发生了什么"，让对方进入自我觉察。

当教练很好地匹配了被教练者，就好像两人以同样的节奏共舞，看似教练在匹配被教练者的舞步，但教练也可以通过小小的调整慢慢带领被教练者体验新的舞蹈方式。

2. 回放被教练者的原词

乔安要做一个重要的演讲，她感到有点紧张，于是约了一个教练帮忙疏解一下压力。

"这个演讲让我感到紧张。"乔安说。

"看来你觉得这个演讲很重要，所以你感到焦虑。"她的教练说。

"我不是焦虑，是紧张。"乔安纠正。

"焦虑和紧张不是一回事吗？"教练不解地问，似乎觉得乔安没必要咬文嚼字。

乔安没有说什么，但她觉得教练根本没有在倾听她，以后她不会再找这个人做教练了。

这个教练犯了一个错误，就是在回放对方的表达时篡改了对方的用词，并忽略了对方好意的纠正。这会使被教练者认为教练根本就不在意自己的看法，使他们本来已经建立起来的亲和关系遭到破坏。如果信任不复存在，教练对话也就达不到效果。

教练的位置在被教练者身后一步，要去看他所看到的世界，要和被教练者"建构共同理解的基础"，就需要运用"回放"的技术。

回放是指重复被教练者使用的关键词。回放的目的是让对方知道你在聆听，而且听懂了他说的话。

每个人由于人生经历不同，会形成自己对世界独特的看法和理解。这些独特的看法也表现为在同样的情境下，不同的人会使用不同的词汇去描述。所以我们说"每个人都生活在自己的主观世界里"。教练如果用自己的语言代替被教练者的语言，可能会曲解对方的意思。使用对方的原词，表明教练无评判地接纳和尊重，并信任被教练者是自己生命的专家。

如何进行有效的回放？

- 用被教练者的原词，而不是使用教练自己的语言所以当对方说"紧张"时,你不能修改为"焦虑"。只有你使用对方的原词,才会让他觉得自己被听见了,被听懂了。

- 选择性地回放

  教练选择能够帮助被教练者达成目标、提升能量和动力、促成改变的关键词去回放。

  这些关键词包括被教练者所描述的目标、资源、需求、期待、价值观、资源。

- 回放结合提问

  比如被教练者说"如果我能做到那一点,我将会感到非常宁静"。教练会重复"宁静"。接下来教练把关键词嵌入要问的问题中:"当你得到了这份宁静,有什么会变得可能?"

  先跟随对方的用词,然后一点点带领对方拓展思考空间,对方会自然而然地向内在探索,获得更深的觉察。

- 回放要简短

  回放就好像电影的预告片,120 分钟的电影,预告片不过 1 分半钟。回放也不能像录音机般大段大段地重复被教练者的话,而是只重复关键词。

◈ 回放创造价值

作为教练,有时要面对经验和资历都远胜于你的人,尤其是在商业领域,当你面对的是"大佬",对方在他所擅长的领域内跟你对话,你要如何做?

这时就要靠回放创造价值。

有一个坊间广为流传的故事:

张瑞敏曾请 IBM 公司做咨询,公司派出全球最顶尖的专家,但一个一个都铩羽而归。IBM 公司的项目经理无计可施,索性病急乱投医,派出一位硕士刚毕业不久的顾问,之后就忐忑地等着顾问再次被退回。

没想到三个月过去了，顾问不但没被退回，还收到张瑞敏的反馈，说这次派的人很不错。项目经理很好奇，他问这个顾问是怎么做的。顾问说："我什么都没做，我只是重复了他说的话。"

原来，顾问发现，张瑞敏对自己面临的问题做了很多深入思考，见识上能超过他的人屈指可数，顾问不可能有更高明的建议提供给他。恰巧顾问学习过教练技术，于是每当张瑞敏对一个问题表示困惑，一边讲出自己的分析时，顾问就把张瑞敏刚刚说过的关键词重复给张瑞敏。"其实张瑞敏完全知道自己想要什么，我的回放和提问只是帮他更加确定而已。"年轻的顾问总结道。

这个咨询项目帮 IBM 公司创造了数百万美元的收入，也让国内的企业家认识到了教练的价值。这也是倾听和回放带来的价值。

除了上述的匹配和回放，教练还会带着框架积极聆听和有力提问，并按照灵活的教练流程去对话。这个结构有助于让对话高效地朝向被教练者想要的目标。

3. 有所不为

教练需要有所为，有所不为。不能带着预设去提问、提建议、强迫和评判。评判和强迫会引发被教练者的抗拒，带着预设去提问是不信任的表现，他们也不会轻易接受建议。

建立信任的过程就好像健身之前的热身，让我们的关节分泌润滑液，让我们的肌肉和筋骨做好准备，让接下来的大重量或长距离锻炼更加顺利，也能避免受伤。

当有了信任，教练和被教练者之间就有了开放、尊重的场域，就可以合作进行内在的探索，让被教练者获得深度觉察。

第三章
信任是赋能教练式沟通的基石

精彩回顾

1. 建立信任是一切关系的基础；
2. 沟通前先让自己安静下来，进入教练的状态；
3. 建立信任的态度：视被教练者为专家，拥有对未知好奇的态度，真诚地欣赏和赞美；
4. 建立信任的行为：匹配被教练者、回放被教练者的原词、有框架地对话。

1. 在一次对话中，尝试匹配对方的语言、语速、语音语调和身体语言5分钟；
2. 在一次对话中，尝试每次自己说话之前先重复对方刚刚说过的话中的关键词。

第四章

积极倾听

> 当聆听者关上了自己的内在对话，关上了所有评判、看法和建议，而聚焦在说话人身上，关注他们想要的、需要的，关注他们的感受的时候，转化式的对话和整体的改变就成了可能。
>
> ——玛丽莲·阿特金森，《被赋能的高效对话》

第一节 你在听我说话吗

2020年徐峥的贺岁片《囧妈》中有两段对话让人印象深刻，伊万和张璐对妈妈说的都是同一句话："妈妈，你在听我说话吗？"他们每次和妈妈对话的过程中，妈妈似乎都陷入了自己头脑的对话里，喋喋不休地把自己要说的全部吐出来，不管对方听没听，也不管对方有什么回应，有什么需求。

这种对话不是沟通，而是单项输入，会导致争吵或冷战。而沟通中最重要的就是倾听。

小芳和妈妈沟通的时候，也经常遇到这样的情形，每次妈妈在电话中和小芳讲一件事情的时候，似乎是在询问小芳的意见，但当小芳把意见给到妈妈的时候，妈妈却会再次将刚才说过的困难和问题说一遍，就像在妈妈的头脑里有一个自动重拨键，说一遍，听到对方一句话之后，继续再说一遍。导致每次都是小芳在电话那头大声吼道："你到底有没有听我在说啊？"然后彼此生气地挂掉电话。

小芳的一个朋友的妈妈70多岁了，她说她妈妈每天都要和她说一遍当初她奶奶如何对她、瞧不起她、让她干活等。她和妈妈说"你昨天刚给我讲过"，但她妈妈根本听不进这句话。每当妈妈口中发出"你奶奶"这个音，小芳的朋友头就大了起来，因为后面重播内容就要开播了，感觉耳朵都听得起茧子了。

这样的倾听，是一种什么样的倾听呢？

就是头脑里故事的自动回应，当她说一件事情的时候，头脑里就像有一个关于过去这件事情的存储器，按下播放键，后面就自动播放，当下的思考根本不用参与。这个故事启动之后，除了故事内容差不多，还夹杂着浓度很高的负面情绪，像怨恨、生气、后悔、悲伤等。

当对方带着这样的状态和别人沟通的时候，她完全是无意识的，她不知道自己没有倾听，更没有意识到倾听的重要性，她只是在无意识地重播过去的内容。但问题是当她一次又一次地这样沟通而得不到别人的理解，她就更加生气、悲伤、怨恨、后悔，就像身体里有一个情绪垃圾桶，装得越来越满。导致最后不能和他人沟通，一说话就带着一股子气，说出来的话就像一把把利剑，直戳人心。

那该如何倾听和回应呢？

第一步：让自己有意识和觉知。这是最难的一步，因为很多人都处在无意识的状态下，多年来已经习惯了以这样的模式沟通。很多时候，人们宁愿待在痛苦里也不愿意改变，因为痛苦是她熟悉的。《囧妈》中妈妈的转变是从"当头棒喝"开始的，当儿子大声说出隐藏在心中的愤怒之后，妈妈彻底崩溃了，也就是把过去的模式壳子给打破了，转变也随之发生。也可以问问自己："为什么我和周围的人沟通起来都那么费劲呢？"是他们都错了？还是我的沟通和倾听能力有待提升？

第二步：学会抽离。当自己喋喋不休地开始说话的时候，想象有一个"更大的自己"，从自己的身体中抽离出来，站在一个更高的维度观察着自己头脑里喋喋不休的对话，你会看到什么？听到什么？会不会注意到自己像一个神经病患者一般自言自语，而不关注和自己说话的另一方？当你学会抽离出来的时候，你就不再认同你头脑里喋喋不休的对话，而是回到当下的情景中，思考此刻我想表达的是什么？我要和对方说什么？如何倾听才能得到我想要的效果？有效果比有道理更重要！也许你头脑里的喋喋不休是你的道理，但没有效果，道理就是一堆的"垃圾"，还占据了你头脑中的空间。

第三步：学会同理自己。自己之所以这样，也是多年不被理解和压抑所致，所以感受到自己身体中的情绪，加以整理，去对情绪反复说"对不起""请原谅""谢谢你""我爱你"。

当做到以上三步以后，慢慢再去学会倾听别人。当能让自己头脑里喋喋不休的声音安静下来，就可以和对方正常沟通，所谓的沟通就是有来有回，就像过去那种拉风箱的过程，动力和能量才会流动。当安静下来的时候，你开始看见面前这个和你说话的人，了解到对方想和你说什么、对方有什么样的需求想向你表达、对方是带着什么样的资源在和你沟通。这就是倾听的四要素：听内容、听情绪、听需求、听资源。如果做到了这样的倾听，你和周围的人的关系会如何改变呢？

第二节　人们都是选择性倾听的

坐在急诊室外，一边等着检查结果，小明一边给女朋友小静发了条微信："亲爱的，我今天太倒霉了。我刚才去取快递，跑得急了点，结果在楼梯上摔了一跤，居然就把脚扭了。幸好小婷帮忙送我到了医院。"10秒钟后，小静回道："小婷是谁？"

男朋友摔了一跤，扭了脚。小静既没问"摔得疼吗？""脚伤得严重吗？"，也没说"你在哪家医院？我赶紧过来吧"。因为她只听见了一个女性的名字"小婷"。这可不得了，得赶紧问问"小婷是谁？"，后面八成还藏着"跟你什么关系？""你们认识多久了？""为什么是她送你去？"……

人们就是这样选择性地倾听的。别人跟你说了一堆话，你听到的只是你想听到的。

大脑有个网状激活系统，是个大过滤器，决定了你能听到什么。你能听见的是符合你的假设和期待的，以及你在意的信息。

小静之所以只听见了"小婷"，是因为她对恋爱关系缺乏信心，她不太信任小明，生怕小明对自己不忠。她的假设是"必须看紧男朋友，不然他可能不忠"。所有支持"小明不可信""我们的关系有危险"的信息都会优先被小静注意到。

在职场培训中，最常上的课大概就是沟通课了。凡是教你沟通的，一定会讲"倾听"。但最难做到的就是倾听。为什么呢？

想一想，你什么时候没倾听？

- 不同意对方的观点
- 走神了
- 着急做自己的事情
- 我觉得我已经听明白了
- 我想表达自己的观点/提个建议
- 我想安慰他
- 对方太唠叨（比如我们的父母）
- 讨厌说话的人
- ……

你听了，但并没有"听见"，没有"听懂"，这是假装的听。假装听的特点是"关注点在自己身上"。你关注的不是对方说了什么，而是"我接下来想说什么"。就好像你戴着一副耳机在听，漏掉了大量重要信息，或者左耳朵进，右耳朵出，当然听不到对方真正要表达的意思。

在教练对话中，倾听是教练的核心技能。被教练者讲了很多话，传递了大量的信息，教练需要听见和听懂被教练者的表达。教练还需要从中选择对被教练者有帮助的内容去回应。所以教练的倾听也是有选择性的。作为人，教练也会有自己的信念系统，自己的假设、信念、价值观。但教练首先要放下自己作为普通人的信念系统，带着教练的原则和框架积极倾听。

第三节　积极倾听

一、聚焦于目标的倾听

教练在倾听的时候是带着框架听的。以下就是一个四象限框架，这个框架是加拿大温哥华大学焦点解决研究中心的黑森月（Haesun Moon）在2017年首次发布的。四象限的横轴是时间线，从过去到当下再到未来。纵轴是事件的性质，从消极到积极。这样组合下来，就形成了四个象限：积极的未来，积极的过去，消极的过去，消极的未来。我们将其称为心驰神往神往的未来、百花齐放的过去、令人烦恼的过去和惶惶不安的未来。

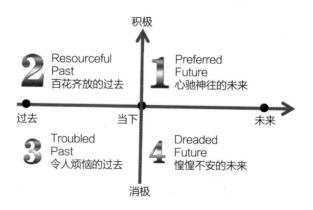

第四章
积极倾听

被教练者经常带着一个问题来找教练。在讲述的时候，被教练者通常是从第三、第四象限进入。

小叶跟教练说了这样一段话："我最近好纠结，本来早就买好票了准备初七去看母亲，可是因为疫情的缘故又退掉了。现在再过10天就是父亲的周年忌日，我想回老家拜祭一下，可是又担心不安全。我自己倒无所谓，可是得为我的家人考虑。北京现在又要求外地返京人员必须居家或集中观察14天，那我岂不是又没法上班了，怎么跟领导交代？唉，我该怎么办呢？"

你会看到小叶的表述有第三象限的"本来早就买好票了准备初七去看母亲，可是因为疫情的缘故又退掉了"，还有第四象限的"我想回老家拜祭一下，可是又担心不安全。我自己倒无所谓，可是得为我的家人考虑。北京现在又要求外地返京人员必须居家或集中观察14天，那我岂不是又没法上班了，怎么跟领导交代？"……

不同取向的教练会听到不同的内容。

聚焦于问题的教练的基本假设是"她有一个问题需要解决"。所以会挖掘小叶面临的障碍是什么、为什么会发生、会给她带来什么影响、她采取了什么行为、为什么不奏效。对问题的探讨会让小叶越来越消沉，因为问题的原因是疫情，而疫情的传播、国家的政策完全是不可控的，所以等于是无解。

聚焦于目标的教练的倾听重点则是"小叶想要什么，对她来说重要的是什么，她有什么能力、资源、优势"。小叶想要的是看望母亲，拜祭父亲。对她来说重要的是自己和家人的健康和安全。她能够冷静思考，向教练求助，了解外界的信息，都是她具备的能力和优势。同时，教练听到小叶有焦虑，这种焦虑是对于不可控的事情的焦虑。

同时教练不会忽略小叶所讲的第三、四象限的内容。教练会适度同理，看到小叶的努力。同时，更多地在第一、二象限提问，让小叶看到自己的目标、价值观和资源。在此基础上建构面向未来的解决方案。

所以教练和小叶探讨了回老家的重要性是什么，假如几个月以后疫情缓解，她和家人都健康时生活状态是怎样的，她又做了什么促成了这一切。小叶做出了自己的选择，尽管不理想，但不再为此反复思考和焦虑了。

二、积极倾听的要点

"积极倾听"需要你用一副大象般的大耳朵来倾听。

沟通的时候，你要把注意力完全放在对方身上。不但听到他说了什么，也听到他没说什么；不但要听懂语言，还要听懂能量状态。

你可能会说，他没说的怎么能听见？能量状态又怎么能听懂？

实际上，人在说话的时候，整个身体都在诉说。所以"大耳朵倾听"的状态，也就是用全身心在听。换句话说，你和对方在意识层面和潜意识层面都在进行沟通。那没说出来的东西，通过潜意识也能得到表达。

我们要关注对方说了什么，更重要的是关注他是用什么样的方式说的。他使用了什么样的语音语调？有什么样的身体姿态？语音语调和姿态发生了哪些变化？这些都传递了对方的能量状态。语言可以伪装，但语音语调会传递情感，身体语言更会暴露说话者真实的意图。

先说说应该从语言里听什么。从语言中要听四个方面的内容：目标（需求）、情绪（能量）、价值观、资源。

● 目标——他想要什么？

对方的表达可能不够有条理，客观事实和主观判断掺杂在一起，有些听起来像是在抱怨。你需要探究"他到底为什么要跟我说这些？他真正想要的是什么？"

有的时候对方也不清楚自己想要什么，就需要我们通过提问帮他明确自己的目标。抱怨问题的时候，关注点在过去。明确了目标，就可以把他的关注点引导到未来，帮助对方从"问题状态"里跳出来。过去已经发生，不可改变，未来有无限的可能性。所以关键在于当下我们要怎么做，去塑造我们的未来。

▶ 情绪——对方处在什么样的情绪/能量状态中？

他是生气？难过？焦虑？困惑？平和？喜悦？……

每一种情绪都会对应不同的或高或低、或趋近或躲避的能量状态。所以当了解到对方的情绪，就知道在教练会谈中下一步要往什么方向努力，节奏要快一些还是慢一些。

▶ 价值观——什么对他最重要？

价值观是一些积极正向的词汇，能够带给人们激励，是每个人做事情的动力来源。人遇到问题，可能是实现价值观的方法出了问题。所以当原来的做法无法满足价值观，就可以选择别的方法，这样对方就有了更多的选择。

▶ 资源——他有什么？

每个人自带百宝箱，里面装满了资源，只是人们常常会忘记，或者没觉得它们是资源。比如说年轻是资源，而年纪大了，有了人生经历也是资源。人脉、专业能力、小伙伴的支持、领导的支持、新的机会等，都是资源。当你赞美对方的资源时，对方就感觉特别有力量和信心。所以他的关注点就从"我没有什么"，转变到"我有什么"。也可以把自己拥有的东西充分地利用上，而不是去补那些没有的东西。

比如，一次课堂上，某学员说了一段话：

"我有个朋友跟我说他们公司进行组织结构调整，换了一个领导，他很不适应新领导的风格，新领导对他们也不认可。他很不开心，就抱怨。我跟他说，换领导总是难免的，你需要调整自己的心态，将其当作一个磨炼自己的机会，当你能够很好地适应，你就获得了学习和成长，你也会变得更加强大。我想把这件事分享给大家，希望对大家有所帮助。"

你听到了什么？

以下是学员们听到的（有下划线的事项是向当事人求证后，他认可的事项）：

情　　绪：平和、冷静、<u>焦虑</u>、无奈、着急、<u>同情</u>、期待价值观：<u>积极</u>、<u>成长</u>、<u>公平</u>、<u>强大</u>、<u>开放</u>、妥协（适应）、<u>支持</u>、<u>学习</u>、<u>分享</u>、<u>磨炼</u>

资　源：能力、<u>经验</u>、阅历、<u>理性</u>、有思路、有头脑、<u>值得信任</u>、友谊、<u>耐心</u>、<u>改变自己</u>（觉察）、好学、豁达、分享

需　求：安慰、<u>解决问题</u>、<u>帮助</u>、心情舒畅、激发内驱力、成就、<u>帮助大家</u>、<u>分享</u>、<u>强大</u>

当事人很惊讶，他都没想到自己有这么多资源。事后了解到，他自己也面临着换新领导的情况，所以他是借着朋友的故事来表明自己的心意。

倾听是包容，是沟通的基础。著名的人本主义心理学家卡尔·罗杰斯非常善于倾听，曾经有一次咨询，听来访者讲了一个小时，他几乎一句话没说，但来访者表示非常有疗愈效果。人们内心非常丰富，同时也很难有机会去表达内心最真实的想法和情感，所以当你真正能够倾听，就会让对方感到被接纳、被尊重、被认可。他也会对自己有更多的接纳和认可。

积极聆听是做教练的基本功。教练需要放下自己的评判，专注在对方身上，带着好奇去倾听，听到他，听懂他。所以当你要进行教练式对话时，记得取出你的"大象耳朵"，全身心地倾听。

三、积极聆听案例：听，感受在告诉你什么

小芳刚来北京的时候，和人合租，宿舍一共4个女生，小芳喜欢干净整洁，但宿舍其他几个人却对打扫公共卫生能拖就拖，经常是厕所垃圾堆成山，地上满是矿泉水瓶。每次都是小芳实在看不过去，自己去收拾垃圾。而其中有一位小芳说有"公主病"的女生，一年也就扔过一次垃圾。

喜欢整洁、爱操心的小芳实在看不过去，制定了规则，说轮流扔垃圾，结果没人当回事。有一次看着厕所垃圾桶溢出来了，小芳就去提醒那位有"公主病"的女生，结果二人吵了起来，女生说小芳总是指责她，而全程，另外两个女生都一言不发。小芳说，她是为了大家的利益才这样做的，而她们却如此对她，甚至当她是坏人，感觉好伤心，心都凉了。

第四章
积极倾听

小芳问教练这心结该怎么解。

首先,教练特别理解小芳的感受:喜欢整洁,经常干活,却当了"坏人",和别人吵架,其他人还不帮自己。以下是小芳和教练的对话。

教练:在这个过程中,你想要的是什么?

小芳:大家一起维护卫生,有一个干净和谐的环境。

教练:那样的话,你会感觉怎么样?

小芳:我就会感觉很舒服、开心!

然后小芳又陷入了对"公主病女生"的讨厌中,因为不想和对方说话,所以也不想和她沟通,她还经常踩在马桶上上厕所,事后还不收拾,她太可恶了……

教练:听起来你真的很讨厌她,那她身上有过让你喜欢的时刻吗?或者有让你欣赏的地方吗?

小芳:好像还没有!

教练:所以,目前看来通过跟她沟通达到你想要整洁干净的目标是不可能的了。你觉得你还可以做些什么帮助你达到你想要的干净和谐的目标,找一些你能掌控的、你可控制的行为来帮你达到你的目标?

小芳:我现在知道自己的需求就是构建和谐干净的宿舍,所以我发现其实我可以选择的就多了。

- 比如,我知道这是我的需求,所以如果我享受收拾,我就去收拾;如果我不享受收拾,我就什么也不干。
- 我是天秤座的,所以内心追求公平和谐,但一味地要求别人也这样做,只能导致别人更加厌烦。
- 我还可以换宿舍。
- 总之,我现在知道自己想要的是什么,我就可以用很多方法满足自己的需求。改变自己可以改变的,满足自己的需求。

《非暴力沟通》这本书中讲到,很多时候,我们通过评判来提出主张,人们的反应就会是申辩或反击。如小芳通过责备提出自己的主张,结果就是吵了一架。但如果我们能意识到自己的需要是什么，直接说出需要，也许就比较有可能得到积极的回应。他人的言行也许会导致我们产生不好的感受，但并不是我们感受的起因。

听到不中听的话，我们可以有四种选择：①责备自己；②指责他人；③体会自己的感受和需要；④体会他人的感受和需要。

在本文中，通过和小芳的沟通，小芳已经开始从第二步走向第三步，开始体会自己的感受和需要。这已经很不错了。慢慢来，给自己耐心和爱，先觉察到自己的感受和需要，先足够爱自己之后，再去到第四步，也许会更加自然和顺畅。

所以，学会沟通，要从觉察自己的感受开始，因为感受的出现是在告诉你背后有一个需求需要满足，当你知道自己的需求是什么之后，可以满足需求的方法就不单单是和当下的这个人、这件事较劲了，你会拓展你的意识，找到更多方法满足自己的需求，从而让自己更加开心快乐！

精彩回顾

1. 积极倾听是聚焦于目标的倾听。
2. 积极倾听会听到被教练者的：
   - 目标——他想要什么？
   - 情绪——对方处在什么情绪/能量状态中？
   - 价值观——什么对他最重要？
   - 资源——他有什么？

练习

1. 你觉得自己的倾听能力从 1 到 10 打分的话能打几分？10 分是非常擅长倾听，1 分是相反。问问你的朋友、同事、上级/下属、爱人/孩子，看看他们会给你打几分？

2. 在一次对话中，听对方的目标、情绪、价值观、资源，并把听到的内容跟对方确认，看看你的倾听能力怎么样。

第五章

有力提问

> 告知或提出封闭式的问题,人们不会主动思考;提出开放式问题,人们自然会思考。　　——约翰·惠特默,《高绩效教练》

第一节　提问之前你要先回应情绪

在教练式的对话中,听对方表达之后,教练不是马上就提问,而是要根据对方的状态,先适度回应。假如对方此时有情绪,你提问"你觉得呢?"可能对方直接就回复一个"不知道"。更有甚者,上来就给一大堆建议,只能让对方不愿意再跟你谈下去。

一、等你家娃上小学咱们再聊

"你知道昨天我家牛牛做作业做到几点吗?"小丽一见面就问小芳。

小芳猜测是10点。

"12点!可怕吧?"小丽一脸无奈地说。

"都是因为作业太多了吧?"小芳挠挠头。

"才不是呢!磨磨蹭蹭、磨磨唧唧,写作业的时候,一会儿要喝水,一会儿要上厕所,一会儿又坐在那里咬着铅笔发呆……所以就写到

12点！"

"我家美美也这样。"小芳赶紧安慰。

这时候旁边易哥插话："这些毛病都是你们这些当妈妈的惯出来的！"

瞬间，小芳和小丽都不说话了。因为他们知道如果搭理易哥，接下来他就会长篇大论，一堆道理脱口而出。

小芳的朋友圈被"陪娃写作业"这件事刷屏，单位几个家里有小学生的妈妈都深有感触，一边诉苦，一边看着和自己一样的妈妈跟孩子"斗智斗勇"，笑得眼泪都出来了。

孩子还没上小学的小明看得好奇，让小芳把文章推送给他，他看完说："这一点也不搞笑啊！你们还笑成这样，再说，陪娃写作业这件事情本来就不对，你不管他，看他去学校怎么办！"

小芳说："不管的话老师会找家长啊！"

小明说："那就告诉老师，孩子不写作业不要找家长。"

瞬间，几个妈妈不说话了。

小芳心说："等你家娃上了小学咱们再聊。"

二、我不是想听你讲道理

小芳的先生心血来潮，想在老婆面前表现一下，开车去接小芳下班，打算再顺便吃个烛光晚餐。

没想到那天小芳在单位受了气，一见面，憋了一肚子气的小芳就和先生抱怨今天老板指责她……

小芳话还没说完，先生就打断小芳："这就是你的不对了，下次你就应该这样……"噼啵噼啵一堆大道理倾泻而出。

小芳看着先生嘴里冒出来的一串串音符，耳朵早已经自动关闭，根本不知道他在说什么。只是一声河东狮吼："开车回家！"

先生还沉浸在噼里啪啦讲道理的爽快中，带着疑问："我们不是要吃烛光晚餐吗？顺便我再给你讲讲下次遇到这种事情怎么办。"

小芳黑着脸说:"今天没胃口,回家吃根黄瓜就够了。"

两人一路无语开车回家,小芳的先生满脑袋问号,莫名其妙,不知道究竟刚才发生了什么。

三、先解决心情,再解决事情

有一种人,别人不爱和他们聊天,见面都要绕道走,这种人就是从来不关注情绪,总是给你一堆解决方案和大道理的人。在他们眼里,解决问题是最重要的,情绪算个什么东西?殊不知,有时候不关注情绪就直接解决问题,不仅花费时间多,沟通费劲,还不一定能解决问题。

比如小芳的先生,在他的认知里,老婆既然和我说这件事情,肯定是需要我给她个解决方案的。而在老婆心里,自己其实只是想唠叨几句,述说一下烦闷的情绪而已,第二天不是照样该干啥继续干啥,工作一点不耽误。

要先解决心情,再解决事情,才能取得事半功倍的效果。如果小芳先生了解这点,下次小芳抱怨的时候,他就会从情绪上回应小芳,比如接纳小芳的抱怨,甚至和她一起埋怨一番。小芳的情绪被看见和呼应了,接下来也许就能接受先生讲的道理,她也会非常感谢先生开车接她下班,还会一起愉快地吃烛光晚餐。

我们先要匹配对方的情绪,再做适当的引导,拉着对方走出负面情绪。比如当小丽向小芳吐槽的时候,情绪是愤怒,小芳也同时表达了自己对孩子写作业这件事情的愤怒,就这一下,小芳和小丽就惺惺相惜,互相连接上了。连接上之后,这时候易哥的道理让小芳讲出来,小丽就更容易接受。

这就是高情商的回应,是同理心的运用。

同理背后深层次的目的就是和对方连接,人与人之间的沟通,不在于你说了什么,而在于对方收到了什么,假如不处理情绪,我们和对方在心理上是断开的,你即使口吐莲花,对方也无法接收到。

但如果你先能在同一个情绪水平上呼应对方，彼此就建立了连接，连接建立之后，你的解决方案、道理才有效果，而有效果比有道理更重要。

就好像我们长大后，才会理解父母当初和我们讲过的老话（大道理）是真理。但十几年以后才明白，是不是太晚了？而我们作为父母，作为沟通者，怎么样才能不让对方十几年后才明白呢，诀窍就是先解决心情，再解决事情；先同理，和对方建立连接，再取出我们的工具、方法、大道理。

第二节　三级跳式的有力提问

一、人们不擅长接受建议

有一次，一个好久不见的朋友约小叶聊天。

这个朋友一直和几个伙伴创业，她先生则跟着一个老板在咨询公司工作，但最近他们双双离开原来的合作伙伴，从某种意义上说开始"赋闲"。而她的先生似乎并不着急找工作，她有点担心一家人再这样下去会坐吃山空。

小叶跟他们夫妻俩都很熟，一时热心，提了好几个建议，但朋友只回应说"嗯，这个我们已经想过了，但不是他要的方向""他觉得自己做不到""他不想再做这个"……

如此这般七八次以后，小叶意识到其实对方并不需要自己的建议。

人们总是习惯于给别人建议，但不擅长接受建议。

有人说："世界上最难的两件事，一是把别人口袋里的钱装到自己的兜里，二是把自己脑子里的想法装到别人的脑子里。"

很多人找教练是想向教练要建议，但实际上教练从不给建议。教练并不自诩为专家。人们看似想要一个建议，但假如你真的给了建议，他们又好像小叶的朋友一样，并不见得接受建议。而即使他们接受了建议，万一不奏效，他们就会说是你的建议不好。

教练式对话是促成改变的对话。被教练者不能改变，并不是他不知道怎样做，常常是因为能量、动力不足。教练要不带预设地通过提问，帮助被教练者注意到发生了什么，进行自我反思，并发现自己真正想要的是什么，以及有哪些能力、资源、优势，从而获得改变的动力。

最能引发被教练者思考、激发被教练者的提问，称之为有力提问。有力不等于咄咄逼人，而是**温和而直接**的提问。

提问背后，是一个姿态，就是**好奇和未知**。

也就是说，对于提出的问题，教练没有预设的答案，对方有任何答案都是正常的。

那么什么样的问题是强有力的问题？

有力提问的标准有三个：**一是开放式，二是未来式，三是拓展式。**

二、打开思维水龙头的开放式问题

1. 封闭式与开放式问题

小芳有一个表哥，对小芳郁闷地说自己最不愿意回家，因为每次回到家里都能感受到家里郁闷、压抑的场域。小芳去表哥父母家串门，也感受到了那种郁闷压抑的对话。比如：一个说："你到底吃不吃？"那个就回答："不吃。"

"你有完没完？""没完！"

"你听到我和你的说话没有？""没有！"

甚至明明是很好心的一句话，也是这样表达的："你今天的药是不是又没吃啊？""没有！"

你注意到这些对话有什么问题了吗？

由始至终老两口都在进行封闭式对话。而且这种封闭式对话背后还隐藏着强烈的不满情绪。小芳由此理解了表哥所说的"压抑的场域"。

什么样的问题是封闭式问题？

就是只能回答"是"或"否",或者只能从有限的选项里选择的问题。比如你乘坐飞机,空姐问你:"您想要鸡肉面还是牛肉饭?"只能二选一。又如我们在考试时答判断题,要么对,要么错。

封闭式提问假设对方知道答案。而回答的人则不需要动太多脑子想答案。封闭式问题常常以"是不是""对不对""有没有"或者以"吗"结尾。

有些尬聊,往往是因为只会问封闭式问题。比如,男士追求女士,问"你周五晚上有空吗",女士回答"没有"。有些男士就追问:"周六呢?"对方还是回答"没有"。男士就这样把天"聊死"了。

如果你这样问:"最近一周你哪天晚上有空啊"或者"你平常喜欢做什么"。

女士就不能简单地回答"是"或"否"。对话就有机会进行下去。

开放式提问只需要你提 5W1H 的问题,即 what(是什么)、when(何时)、where(何地)、who(何人)、why(为什么)、how(如何)。外加一个"还有呢"。

小芳发现自己的父母虽然也会吵架,但他们俩每天都有说不完的话。小芳刻意观察了一下他们的对话,摘取了一些。

- 今天中午咱们吃什么呢?
- 上午上街都碰到谁了?
- 你们都聊些什么啊?
- 谁谁谁现在日子过得怎么样啊?
- 为什么你今天兴致这么高呢?

……

一问一答中,两个人聊个不停。他们并不知道什么是开放式问题,但他们其实都在运用开放式提问激发彼此说话的热情,带着好奇,探索更多的可能性。

每个人因生活经验不同,对客观世界会形成不同的看法,这些看法也许存在一些局限，但同时也隐藏着很多独特的资源。开放式提问可以打开内在资源的水龙头，让被教练者在资源库中搜索答案。他们有更多的觉知、更多的视角、更多的领悟。尤其当你的提问对方从来没有想过的时候。

当对方在脑海中搜索答案时，大脑中的神经元可能会产生一些新的连接。教练对话需要引发被教练者自己的反思，从而扩展自己的思维。

要注意的是有些问题是"伪开放式"问题。比如被教练者说两件事有时间上的冲突，如果教练问"谁可以替代你"，虽然从技术角度来看这是个开放式提问，但背后隐藏了一个建议。

另外要慎用"为什么"的问题，例如"你为什么这么轻率"就含有批评的意味，会让被教练者产生防御。或者对方真的认同了"轻率"的评价，会越发否定自己，甚至归因于遗传、原生家庭。所以这样的"开放式提问"并没有帮到被教练者。

"为什么"的问题一般用来了解价值观和意义，例如："你想要做一场教练技术的分享，这对你为什么那么重要？"

2. 何时使用封闭式问题

那你可能要问了，教练式对话中难道不可以使用封闭式问题吗？

当然不是。

在教练过程中，封闭式问题用于澄清和确定。比如说在确定教练合约时，当被教练者说明了希望在教练结束时获得的成果时，教练会问："所以如果在教练结束时……就是你想要的吗？"有时候，当被教练者对一些事说不清楚的时候，教练可以给出一些选项。比如说到对某事的感觉，但被教练者说不清，教练可能会问："是有愤怒吗？还是沮丧、悲伤、无助？"

但封闭式提问不能过多使用。否则容易限制被教练者的思维，并且会限制被教练者表达自我的积极性。还有一个风险是，教练给的选择与被教练者的认知相差太多，会引发被教练者的抵触。

所以在教练式对话中80%以上应采用开放式提问，只有20%以下是封闭式问题。

3. 几个非常好用的开放式问题框架

◆ 回顾式提问：

　　1. 事实是什么？

　　2. 感受是什么？

　　3. 理解是什么？

　　4. 决定/行动是什么？

比如：你读完一本书，就可以按照回顾式提问来问自己：

- 从这本书中你看到了什么？你还听过别人如何介绍这本书？
- 读完这本书你最大的感受是什么？
- 你是如何理解这本书的？
- 看完这本书你打算做点什么呢？

运用回顾式提问可以很好地复盘，如复盘今天一天的工作、复盘一个项目、复盘你的时间管理等。

◆ 规划式提问：

　　1. 你想要什么？

　　2. 为什么它对你这么重要？它的意义是什么？

　　3. 如果你想达成的目标实现了，那会是什么样子的？

　　4. 你打算如何开始实施？

这四个开放式提问看起来简单，但一旦被问到这四个问题，被问的那个人就会启动内在资源。

比如：小芳曾经想早起练习瑜伽，但却一直没有开始，于是，小芳的教练问了小芳这四个问题：

教练："你真正想要的是什么？"

小芳："我想每天都有时间练习瑜伽。"

教练："为什么练习瑜伽对你那么重要呢？"

小芳："我特别享受练习瑜伽的时候，感受到内在的那种宁静、平和、喜悦的感受。而且练习瑜伽还可以让我的身体柔软而有力。"

教练："如果你开始自己的瑜伽练习了，并一直坚持下去，一年以后，那会是什么样子？"

小芳："我看到我自己身材好，而且很健康，随便穿什么衣服都好看，因为练习瑜伽，我的状态也很好，作息也更加规律。因为自己的坚持，我对自己也很满意……"

这些问题打开了小芳内在资源的水龙头，小芳还说了更多。说完这些，小芳就想要立刻开始了。于是，小芳的教练又问了最后一个问题："你打算如何开始实施呢？"

小芳决定先报一个在线课程，那个在线课程每天早晨5点有老师直播带领。教练结束之后小芳就交了瑜伽课的学费，开始了每天5点早起的瑜伽练习。

这就是开放式问题的魅力，它能打开我们内在资源的水龙头，让我们看到自己拥有更多的资源，不是等待别人告诉我们应该怎么做，而是通过问题激发内在、看见自己。

如果小芳的表哥先学会了多做开放式提问，然后把这种提问方式教给父母，就会让父母沟通更愉快，让家庭更幸福！

三、充满无限可能性的未来式问题

未来式提问，是指从时间维度上，跨越现在进入未来。

假如提问的方向不对，即使是开放式提问，也可能把被教练者问到死胡同，让他们低迷下去。反之，也可以同样借助一系列开放式的问题让对方产生希望感，能量提升。

举个例子：员工跟你说研发的进度落后了。你这样问：

- 哪里出了问题？（where）
- 这个问题发生多长时间了？（when）
- 对你/团队/产品造成了什么影响？（what）
- 还有呢？
- 谁造成的？（who）
- 为什么会发生？（why）
- 问题是怎么发生的？（how）

这些提问是针对问题和过去提问的，它们是非教练式的开放式提问。所以说只做到开放并不够，不能使其仅仅具备了形式。要想"形神兼备"，就必须进行未来和拓展的提问。

你可以这样问：

- 这个问题如果完美解决，你/团队/产品的状况会有什么不同？（what）
- 什么时候进展好一些或落后的没那么严重？发生了什么？（when，what）
- 解决这个问题对你为什么这么重要？（why）
- 你觉得谁可以帮忙？（who）
- 你可以去哪里找到资源？（where）
- 还有呢？
- 你可以怎样做？（how）

这些提问都是针对未来的。通过这些提问，我们就能帮助被教练者把关注点从问题本身切换到解决方案上，从过去转移到未来。问题发生在过去，已经发生的事情无法挽回，不如结合目标，看看从现在起还能做些什么。

教练中，需要的时候也可以让提问面向过去。

何时面向过去提问？当我们找资源的时候。

如果被教练者此时的状态有点低迷，就需要从过去找例外或例子。例外是问题没有发生或者不严重的时候。这时候要挖掘被教练者做了什么，有谁能支持到他。例子是过去的成功经验，可以用于提炼有效的做法。过去的成功做法都可以迁移到当前的情景。被教练者已经会的做法是可以再次使用的，因此好过学习新方法。

无论面向过去还是未来，都要提内容积极正向的问题。

我们在上一章引用了"四象限图"。而有力提问也可以用这个图一目了然地概括。

教练会听到被教练者说的全部内容，不否定三、四象限处被教练者的认知，同时会轻轻拍一拍被教练者的肩膀，通过提问，提醒他多看看"心驰神往的未来"和"百花齐放的过去"。

心驰神往的未来是被教练者想要的未来和目标。百花齐放的过去是被教练者的经验，其中蕴涵着能力、资源和优势。要深入探讨当目标实现时的迹象，被教练者看到什么、听到什么、感觉到什么，他在做什么，别人如何知道他的目标确实达成了，他的生活会有什么不同。未来要非常有画面感、立体生动，让被教练者有身临其境之感。人的潜意识无法区分真实和想象，所以当被教练者想象未来的场景时，就是在头脑中创造未来，而他的潜意识会将其当成是现实，这个场景就被"锚定"，会引导被教练者在现实中进行第二次创造。

当被教练者看到自己的目标，并且看到自己的能力、资源和优势时，就会有掌控感和确定感，看到更多的可能性，就会更加有动力朝向自己的目标前进。

四、提高人生境界的拓展式问题

拓展式提问，是充满空间跨度的。

真正有力量的提问，是拓展式的提问。以下分别以企业场景和个人场景给大家一些例句。

教练式沟通
简单、高效、可复制的赋能方法

类型	企业场景 你需要半路接下一个有客户投诉的项目	个人场景 想要锻炼身体
逻辑层次上三层	愿景：假如这个项目成功了，会是什么样子？你看到什么画面，你在做什么？ 身份：成功地做完这个项目的你是谁呢？ 价值观：是什么动力支持你完成这个项目的？	愿景：假如你锻炼身体，达到了你想要的状态，10 年以后，你又会变成什么样子？ 身份：那个时候的你是谁呢？ 价值观：锻炼对你为什么这么重要？
破框（假如）	假如项目进度不是问题，你会如何考虑？ 假如钱不是问题，你将如何考虑？ 假如一切都不是问题，你将如何处理这个问题呢？ 假如有一个这方面的专家，他会如何看待这件事呢？	假如时间不是问题，你会如何考虑？ 假如家庭的支持不是问题，你将如何考虑？ 假如一切都不是问题，你将如何处理这个问题呢？ 假如未来的你对现在的你说一句话，那会是什么呢？
哪些	还有哪些资源可以考虑？	还有哪些运动方式？
最	在这些想法里对你最好的是什么？	在这些运动方式里对你最好的是什么？
学习/反思/觉察	对话到现在，对你的启发是什么？ 回看你做上一个项目的过程，你对自己有什么发现？	对话到现在，对你的启发是什么？ 你上次跑步坚持了 3 个月是怎么做到的？
系统/人生/家庭/事业	假如这个项目成功了，这将对我们公司的整个执行系统产生什么样的影响，甚至于对整个公司和它未来 10 年或 20 年的发展有什么样的影响？	这对你的人生有什么样的影响？ 5 年或 10 年以后这对你的儿子/女儿会产生什么样的影响？ 这对你的家庭会产生什么样的影响？你的家庭关系会变成什么样子？ 这将如何支持你的事业和你的发展？

(续)

类型	企业场景	个人场景
	你需要半路接下一个有客户投诉的项目	想要锻炼身体
流程／步骤	假如这个项目成功了，那么项目实施流程将会如何改进？	你的行动步骤会是怎么样的呢？你第1步要做什么呢？第2步要做什么呢？第3步要做什么呢？ 在锻炼之前你有哪些事情要安排好，以及你要按照什么样的步骤去把它们做完呢？
模式／习惯	假如这个项目成功了，那么项目实施模式将会如何改进？	假如你真的按你的想法每周锻炼3次，这将如何改变你的生活习惯呢？

第三节 有力提问案例

一、运用有力提问做年度总结

小芳每年都会做年度总结，大家都想知道她是如何做总结的。这个总结提问模板就是她的秘诀。

1. 回顾过去的一年，你最有成就感的三件事情是什么？

例：我最有成就感的事情是：

1）离开工作将近8年的企业，选择自由职业和创业；

2）开始5点起床，练习瑜伽；

3）欧洲自由行。

2. 这几大成就的背后发挥了你什么样的特质？

勇气、自由、坚持、热爱、分享！

3. 过去的一年里，你最想对自己说的一句话是什么呢？

亲爱的，感谢你，我爱你！

4. 新的一年里，最想实现的 3 个目标是什么？

1）写一本书；

2）公司能够赢利；

3）拿下 ICF（国际教练联盟）的 PCC 证书。

5. 新的一年里，你想活出怎样的自己？

真实、勇气、爱、喜悦、平和的自己。

6. 分享你最喜欢的三句话给大家？

看见即自由！

一切都是最好的安排！

你真正想要的是什么？

你可以找一个安静的时间回答以上几个问题，既可以作为小结，也可以作为和自己静心对话的过程，运用开放式提问和内在的自己对话，完成之后，看看你发现了什么？

二、重要的不是"要不要离职"，而是找到"自己想要什么"

最近小芳好几个朋友都说要离职，问他们为什么要离职，他们说：

领导太霸道，自己不开心，要离职！

薪水太低，自己不开心，要离职！

看不惯某同事，要离职！

单位太远，要离职！

前几天小丽微信问小芳：你觉得我要不要离职？

毕业后小丽就留在该公司，努力、上进、任劳任怨，记得最初她只负责培训，后来又做招聘又做行政，而部门中有一个人基本不做事，越来越

第五章
有力提问

多的工作给到她，问题是没有加薪，没有升职，上面的领导还总挤兑她。

"你想要的是什么呢？"小芳问她。"我挺喜欢这份工作的，只是现在这个环境我不喜欢，我想换一个工作环境，但大家都劝我要稳定。"小丽说。"你想要的是什么？而不是别人劝你的。"小芳继续问她。"我还想从事现在这份工作，但我希望到一个有空间的平台，更能发挥我的优势，而不是留在这里被挤兑。"小丽回微信说。

过了大约半个月，小丽给小芳发来微信说找到新工作了，外企，薪水翻番，还做原来的工作。

这次是小明找小芳喝茶，问小芳：你觉得我要不要离职？

小明不喜欢他的领导，领导特别强势，让他觉得不舒服。小芳问他："你上次离职的原因是什么？"

小明说："我不喜欢我那个领导，因为他太不讲理了，总觉得自己说的对，态度还不好……"

小芳微笑着看着他，然后小明突然间不说话了。这一次和上一次是何其相似啊！强势的老板、弱小的自己。假如运气不好的话，再碰上这样的领导呢？

小明意识到是自己需要成长和强大，学会表达自己的意见，学会拒绝，而不是通过不断换工作而逃避。

小芳认识的一位大咖，百万年薪，高管职位，众人羡慕，却有一天得知他创业去了，很多人惊讶得下巴都掉了，后来才知道，他是为了愿景和梦想而离开了自己熟悉的环境。重新开始没那么容易，但因为知道自己要成为谁、自己要的是什么、自己为什么要这么做，就一定能带着满满的能量出发。

所以，你要不要离职不是问题，问题是你为什么离职。离职是你独立思考的结果，还是人云亦云的选择？

重要的是你想要的是什么，你的目标是什么。

哈佛大学曾做过一个非常著名的关于目标对人的影响的跟踪调查，对象是一群智力、学历、环境等条件都差不多的年轻人。调查结果发现：27%的人没有目标可言；60%的人目标比较模糊；10%的人有比较清晰但大多是短期的目标；3%的人有十分清晰且长期的目标。跟踪调查20年后发现，他们的生活发生了翻天覆地的变化。那3%的人20年来几乎不曾更改过自己的人生目标，他们始终朝着同一个方向不懈努力，最终，他们几乎都成了社会各界的顶尖成功人士，其中不乏白手起家的创业者、行业领袖、社会精英。那10%的人大都生活在社会的中上层，他们的共同特点是：那些短期目标不断地被达成，生活质量稳步上升，他们成了各行各业不可缺少的专业人士，如医生、律师、工程师、高级主管等。那60%的人几乎都生活在社会的中下层，他们安稳地生活和工作，但都没有什么特别的成绩。最后那27%的人几乎生活在社会的最底层，他们的生活都过得很不如意，常常失业，靠救济生活，并且抱怨他人、抱怨社会。

所以，今天的生活状态不由今天所决定，它是我们过去生活目标实现的结果！

稻盛和夫说，当你有了方向，全世界的人都会为你让路。

所以，重要的是你的目标是什么。

在现在这个单位，为了你的目标，你充分挖掘资源了吗？在现在这个单位，为了你的目标，你的能力得到提升了吗？

如果答案是肯定的，在过去你已经很好地挖掘了资源，成长了自我，但薪资和职位却没有任何改变，那么你就可以很坚定地做出你的选择。如果答案是否定的，你之所以要离职，是因为你无法胜任现在的工作，你混了几年，混不下去了，打算换个地方再混，或者你自己知道自己有哪些弱点，但不愿意面对，你觉得换个单位就可以解决一切，那么，建议你留下来更安全，但也要记得，从现在开始，在现在单位里胜任自己的工作，让自己快速成长。到那时，是否离职已经不再是你纠结的问题了。

对于如何选择更好的工作，你可以问自己这几个问题：

- 假如3年后职业生涯一帆风顺，你会看到什么样的画面？

- 假如职业生涯一帆风顺，你会成为谁呢？
- 当你做什么样的工作的时候，是最享受而且是最有动力的？

最后，分享一下小芳自己的职业故事。

5 年以前，小芳面临职业的选择：一是继续留在原来的岗位上，而且还有机会升职、加薪，领导也是业界大咖，对小芳很重视；二是做企业内训师，从零开始。用当初领导对小芳的话来说："你过去就是打打杂，做做琐事。"事实上，一开始真的就是在打杂。

小芳很纠结，不知如何选择。离开当初把自己招上来的领导，小芳心里很难过，拒绝对小芳来说是艰难的。但小芳所做的就是一次又一次地问自己的内心：

我想要的是什么？

5 年后，我希望成为什么样的人？

做什么是我所热爱的？

我想拥有什么样的能力？

她的内心告诉她：

自己希望成为一个能对别人有帮助，同时能自我不断成长的人；

当自己在学习、成长、分享的时候，是快乐的；

希望自己拥有开发课程、讲课、教练、在企业大学做项目的能力。

答案显而易见，于是，小芳选择从打杂开始做起。5 年过去了，小芳成为了自己想成为的人。所以，是否离职并不重要，重要的是你想要成为谁、你想要什么。

当你有了方向，全世界的人都会为你让路。

三、通过提问发现未知的自己

小明在一家外企上班，有一次因为内部问题，他把一个很大的项目搞砸了，小明非常生气，盛怒之下写了一封严厉批评公司人力部门的邮件，其中也提到了老板在这次事件中的角色，他本想把邮件发给另一个部门的朋友，不幸的是把邮件错发给了老板，而在他试图取消这封邮件时，强烈地意识到一个更大的问题，就是他对自己是如此的不满。小明是一个火爆脾气的人，销售能力极强，每年都是销售冠军，但内部人际关系却处得极差，因此升职这类事情一直和他无关。这次错发邮件的事件，让小明发誓要控制自己的火爆脾气，并开始寻找方法增强自控能力。他期待自己变得更加乐观，在艰难的情况下也能看到事情乐观的一面，而不是冷嘲热讽、批评他人。

小芳在一次情商沙龙上遇到小明，他已经成为这家外企的销售总监。小明给大家分享了他错发邮件的故事，他讲到之所以现在能很轻松地分享这个故事，是因为他已经走完了这个过程，驾驭了自己的情绪。他不再是那个锋芒毕露的销售冠军，在带领团队的过程中学会了融入团队中，以及更好地协调内部部门之间的沟通。除此以外，他现在和家人的关系也比以前更亲密了。

那么小明是如何开始自己的领导力蜕变之旅的呢？

归结原因，就是意外邮件事件，让他惊醒并开始自主学习。总结整个过程，小明说自己通过强有力的五个提问，让自己走过了以下五个阶段：

- 第一个发现：理想自我——我想成为一个怎样的人？
- 第二个发现：真实自我——我是一个什么样的人？我的优势和不足分别是什么？
- 第三个发现：我的学习议程——如何建立我的优势同时改正不足之处？
- 第四个发现：磨炼并实践新习惯、思想、感情，直至可灵活掌控。
- 第五个发现：培养支持和信任的关系，使变化成为可能。

▶ **第一个发现：理想自我——我想成为一个怎样的人？**

小明：通过愿景描述，想象理想目标实现之后的自己是个什么样子，想象中那幅理想的画面是，在公司里，我开始带团队，团队的关系非常友好密切，团队中经常听到大家发自内心的大笑，我看到每个人都在充实而快乐地忙碌着,我感受到那种喜悦快乐的情绪在流动。而我和家人的关系也和谐而快乐!和朋友、同事之间充满信任,我感到非常喜悦、放松,充满爱与力量。

> **教练点评** 我们的理想自我,最能激发我们的热情与动力,当我们将这个有能量的愿景以画面的形式描述出来以后,就立起了一座灯塔,指引着我们向着这个方向努力。

▶ **第二个发现:真实自我——我是一个什么样的人?我的优势和不足分别是什么?**

小明:原来从来不承认自己的强势与不合作,我和内部同事沟通时,会觉得我是为了公司的业绩,你凭什么不和我合作,于是在态度上很强势,结果导致做一件简单的事情也阻碍重重。我开始觉察到,原先自己最大的优势就是在冲刺业绩时动力十足,目标导向,结果第一。而不足就是缺乏同理心,不能换位思考,和内部同事合作时,很难站在对方的角度考虑问题。

> **教练点评** 对自我进行评价,增加自我意识,保留自己喜爱的部分,改变自己需要改变的地方。将理想自我和现实自我如同拼图一样慢慢拼在一起,最终形成一幅完整的画面。

▶ **第三个发现:我的学习议程——如何建立我的优势同时改正不足之处?**

小明:有了理想自我的画面,同时客观分析现实自我,看到差距之后,我开始规划自己的学习议程。开始时要制定具体的学习目标,我先制定一年的大目标,然后切换到季度目标,再切换到每个月的目标,最小到周目标,而这些目标有不同的维度,举个例子,在驾驭自己的火爆脾气这方面,我甚至写到在和同事的沟通发生冲突时,要在内心倒数十个数,之后再发表意见,或者在情绪强烈时先暂时离开这个场景,去别的地方,呼吸一下新鲜空气或者喝口水后再回来沟通。

> **教练点评** 这个过程其实最难,因为要改变旧的习惯。旧习惯很多时候是无意识的,因为在大脑内部已经建立了非常强的神经连接,所

以需要下定决心不断提醒自己，专注于新的习惯行为，随着新的习惯不断建立和强化，21天之后，在大脑产生新的神经连接并稳定下来后，旧的习惯就萎缩，新的习惯建立起来。

◉ **第四个发现：磨炼并实践新习惯、思想、感情，直至可灵活掌控。**

小明：我经常会给自己描绘关于一年之后理想自我的那个画面，它变得越来越清晰，随着自己不断地实践自己的周目标、月目标，我开始感受到越来越多的喜悦，因为我知道自己可以实现这个愿景。这期间我阅读了大量相关方面的书，并参加了读书会，因为在读书会上，那种团队的氛围更加浓厚，我看到这么多优秀的人群是如何改变的，我也对自己越来越有信心。

 改变是如何发生的？很多时候，光在认知上明白道理不足以让我们改变，我们需要有一个美好的、充满能量的愿景，让我们有向前冲的动力，需要在情感上体验到改变所带来的愉悦情绪，改变更要体现在行为上。只有在认知、情绪、行为上都发生改变，改变才能发生。

◉ **第五个发现：培养支持和信任的关系，使变化成为可能。**

小明：我原来主要的关注都放在客户身上，觉得内部关系不重要，所以在公司内部关系总是非常紧张，一直认为职能部门不理解我在外面的艰辛，但通过不断提高自我意识、增强同理心，我开始意识到原来自己和内部同事的沟通有问题，我开始一次又一次尝试驾驭自己的情绪，在我不断驾驭自己的情绪的过程中，和谐的人际关系开始产生，我也开始发现职能部门的人比客户更好打交道，和内部建立的支持和信任的关系，反倒让自己的业绩变得更好了。

 当人们被批评时，立刻会陷入防御状态，防御状态的形式要么是战斗、要么是逃跑，当一个人处于"战或逃"的状态时，他会把所有能量灌注在这些方面，而没有多余的精力来关注当前事件我们怎样才能做得更好。

最后小明又总结了这五点发现,当我们都能清晰描绘自己的愿景时(第一个发现),才能更好地看见自己的优势和不足,站在对方的角度看自己,对自己有全面的认识(第二个发现),制订个人切实可行的学习计划(第三个发现),才能和团队更好地互相合作完成以上工作(第五个发现),他最终遇到了理想的自我。亲爱的朋友,你的那个"未知的自我"在哪里呢?去运用这五个强有力的提问,一起遇见更好的自己吧!

1. 提问之前你要先回应情绪。
2. 提问的姿态是**好奇和未知**,有力提问的三要素是:**开放、未来、拓展**。
3. 开放式提问有助于启发思考,打开内在资源。
4. 未来式提问,帮我们把关注点从问题本身转换到解决方案,从过去到未来,过去不可改变,而未来有无限的可能性。
5. 拓展式提问,让我们从更多的视角、更高的维度、不同的框架等方面思考问题。
6. 几个简单的提问框架:回顾式提问、规划式提问、发现式提问等。

练习

选择一处安静的环境,使用以下提问自我教练,或者邀请一个信任的伙伴,请他提问,你来回答,开始一段自我发现之旅。

1. **规划式提问**
   - 你想要什么?
   - 为什么这个(你想要的)对你这么重要?它的意义是什么?
   - 如果你想要的实现了,那会是什么样子的?
   - 你打算如何开始实施?

2. 发现式提问

- 理想自我——我想成为一个怎样的人?
- 真实自我——我是一个什么样的人?我的优势和不足是什么?
- 我的学习议程——如何建立我的优势同时改正不足之处?

第六章

赋能反馈

> 当一个人意识到自己得到了理解和接纳,一般来说,他会觉得很惬意。
> ——马歇尔·卢森堡,《非暴力沟通》

第一节 反馈的作用

一、反馈即是光

小丽生宝宝后就一直和公婆住在一起,公婆人很好,对小丽有很多的支持,小丽内心也充满感恩。但当小丽能独自带孩子以后,还是决定自己带孩子,一方面让老人可以休息,享受生活,另一方面小丽和公婆住在一起很压抑。小丽说压抑最大的一个原因就是得不到反馈,比如公婆出门之前不会打招呼,回家也不会说"我回来了"。如果公婆决定要回老家,他们也不会和小丽商量,直到走的那一天才告知。而且公婆住在一起,两个人一天基本没有对话,一个人说话,另一个人即使听到了也没有任何反馈。

一个三岁男孩在一间黑屋子里大叫:"阿姨,和我说话!我害怕,这里太黑了。"阿姨回应说:"那样做有什么用?你又看不到我。"男孩回答:"没关系,有人说话就带来了光。"

没有反馈,就是黑暗;有反馈,就有了光。

反馈是内在情感的连接,是交流互动的基础。沟通中,当你得不到反馈的时候,就像和一块木头在说话,说者了无兴趣,听者也呆若木鸡,这个过程根本没有沟通。什么是沟通?用最简单的本意来理解,沟即沟渠,通即连接,沟通就是建立一条连接的渠道,而回应就是沟通最基础的连接渠道。

你可以用最简单的语气词表达反馈,比如"嗯!""哦!""原来是这样!""挺好玩的!"……

这表示你在和对方建立连接。

如果能做到高质量的反馈,既和对方有连接,同时还能支持对方,就会让对方感受到你的温度和能量。

二、反馈出绩效

春节后上班第一天,小明的经理找他谈话,告诉他去年的绩效排名中他在后50%。小明吃了一惊,这个排名大大低于自己的预期。他自认为是部门里付出最多的几个人之一,怎么也应该是前50%啊。这个结果不但影响奖金,还会让他2年内无法获得晋升,甚至会影响股权激励。"这个结果还能改吗?"小明问。"不能,春节前就定了。"经理板上钉钉地说。小明非常沮丧。

1. 不反馈带来的问题

很多经理在绩效反馈中存在不少问题,主要表现在以下方面:

- 不做绩效反馈或者事后仅是告知。
- 不及时做反馈。
- 反馈不具体,直接评判。
- 只有批评没有表扬。
- 反馈信息含糊不清、相互矛盾。
- 带有很强的个人主观偏好。
- 反馈过于关注过去,没有关于未来的讨论。

……

具体的表现和可能导致的结果是：

1）不反馈。员工平时不知道自己做得怎样，拿到考核结果才大吃一惊，心中难以承受，尤其是绩效相对较低的员工。人们常常高估自己（"达克效应"）。所以经理给的绩效反馈几乎铁定会低于员工对自己的预期。有人会找经理理论，经理如果再说不清楚，就容易起冲突。如果员工勉强接受，内心也不认可，跟经理之间的信任也会受损。

2）事隔很久再反馈。员工自己都不记得自己当初怎么做的，所以反馈就缺乏针对性。而如果经理攒了一堆事情一起反馈，也会让员工认为经理在"翻旧账"。

3）反馈不具体。比如说员工沟通能力有问题，具体是什么场景的沟通？什么叫"有问题"？员工不清楚，就不知道如何改进。同理，很多经理天天说提高员工"执行力"，但员工根本不知道何谓"高执行力"。标准不清晰，让员工努力也没有方向。

4）看不见员工做得好的时候，反之出了问题立刻抓住。员工只有在做得不好的时候才被关注，这是一种负面强化。缺乏表扬则会让员工感到不被认可，容易产生抱怨。

5）反馈信息含糊不清，会让员工迷惑。某 HRBP（人力资源业务合作伙伴）吐槽：某员工考核结果是 C，要末端淘汰，结果面谈时员工拒不接受，原因是每次沟通，经理都拍肩膀说他"表现不错"，他也以为自己表现不错，没想到经理早已对他不满，如果早知道，早改进，他也不至于这样。

6）经理个人的主观偏好不一定让人信服。比如说鼓励奋斗，认为加班多 = 奋斗，加班少 = 不奋斗。又或者认为经常汇报的就是好员工，而反之就是态度不好。这些都是简单粗暴的评价方式。

7）反馈过于关注过去，有盖棺论定之感，不能给员工提出改进方向。员工过去不管表现如何，都只存在于过去，关键是经理希望员工未来有什么样的表现。问题解决不一定带来高绩效，面向目标和想要的未来，才可能激发员工的内在动力，产生更好的表现。

2. 经理为何不反馈

说了这么多反馈的问题，经理要喊冤了。如果你问经理他们为什么不反馈，他们也有很多理由：

1）关系压力，不好意思。有些人际导向的经理，会认为绩效不佳是"坏消息"，怕员工不接受，伤害两人关系。但不反馈反而耽误改进时机。如果员工不知道自己做得怎样，却能从你的态度里感到你的不满，员工就可能言语试探、胡乱联系，或者多方打听，结果以讹传讹，要么就私下猜测、疑神疑鬼。最后，不仅经理对员工不满，员工也不做改变或因误解反而表现得更加偏颇。

2）点到为止，等他觉悟。有的经理觉得自己说清楚了，员工当然明白。实际上，沟通的效果不在于你说了什么，而在于对方"听"到了什么。不具体的、矛盾的反馈，会让员工更加迷惑。

大亮在一线做总经理时，曾提拔了一个业绩特别好的销售人员当销售经理，但结果是他失去了一个一流的销售人员，却多了一个二流的经理。在给对方机会，但仍然没有效果之后，他只能让该销售经理离职。几年后，再次遇见这个销售经理，他对大亮表示感谢，说："我创业几年，做得还不错。当年我绩效不好的时候，内心非常没有自信，你如果允许我继续混下去，其实会把自己毁了。"所以，大亮失去了一个二流的经理，却得到了一个创业成功的朋友。

3）只顾做事，无暇反馈。有些经理习惯性地关注事而不关注人。他们会认为沟通的优先级低于做事。殊不知经理人是靠他人成功的，团队只有明确了期望、目标和规范，才能更好地做事。

组织里有些始终绩效垫底，但也不至于淘汰的员工。经理对其也没有信心，索性置之不理。但这样还不如直接开除。

人类天生就需要某种类型的关注，如果没有得到关注，他们就会下意识地或有意识地改变行为，直到得到关注。

所以反馈出绩效！

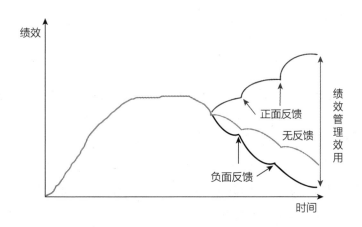

三、有效的反馈要起到激励的作用

反馈不只是告诉对方做得怎么样，反馈更重要的作用是激励。需要及时认可员工的良好表现，或给出改善绩效的建议，纠正员工的不足。

什么是有效的反馈？

有效的反馈必须是真诚且有帮助的。好的反馈要能够被理解、被接受并能够让接受反馈的人改进工作。具体见下图所示。

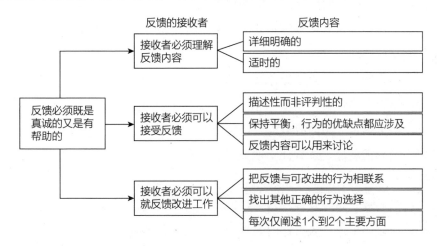

举几个例子。

不具体的反馈："王强，表现真棒。"

教练式沟通
简单、高效、可复制的赋能方法

具体的反馈:"王强,你这个项目回款及时,帮助公司提前完成了业绩。"

评判性的反馈:"王强,你对客户不够尊重。"

描述性的反馈:"王强,今天到客户现场你迟到了半小时。"

缺乏建设性的反馈:"王强,我感觉你这个人有点保守,你很难与其他人沟通信息。"

有建设性的反馈:"王强,如果在每周的例会上,你把项目的进展情况与我们分享一下的话,对我们会有很大的帮助。"

教练常用的反馈有两种,一种是积极型反馈,也就是欣赏和感激,另一种是发展型反馈。积极型反馈是指出被教练者的正向行为,加以赞赏和认可,以帮助被教练者增强信心,强化正确的行为方式。发展型反馈是指出被教练者不理想的行为以及需要改善的地方,帮助被教练者制定改进方案。二者都是面向未来的。

大卫·库柏里德(David Cooperrider)是欣赏式探询(Appreciative Inquiry)方法的共同创始人。他的研究发现:了解自己做得好的方面,可以为改变做好准备。只有感到安全,我们才能放下戒心,听取批评,并创造性地采取行动。

总是强调人们不应该做什么,却很少提及他们应该做什么,这是人们常犯的错误。在《影响力》一书中,罗伯特·西奥迪尼讲了自己的博士生和女友游览国家公园的故事。当这位博士看到"不许带走化石木"的标志牌时,觉得很震惊。之后他女朋友说:"来吧,趁现在还有,我们也拿一块吧。"

行为心理学研究发现,当你批评他人时,其实也是对这个行为的一种强化。所以如果想让人有好的表现,一定要在他展现好的行为时,及时进行积极反馈。想要让孩子收拾房间,就要在偶尔孩子的房间干净整齐的时候夸奖孩子。想要让员工做事细致,也要在他们展现出细致的行为时进行表扬。我们将表扬称为赋能反馈,因为表扬可以让人感到充满能量。在教练式对话中反馈,更应注重赞美被教练者的能力、资源、优势,这会让被教练者更有自信,也更有能量做出改变。

当然,经常欣赏和感激,不表示不能对错误和问题进行反馈,只是不建议用常规的方法去批评,而是使用发展性反馈。

第二节　赋能反馈——想让对方改变,多赞美他吧

盖洛普曾经有一项调研表明:70% 的人说在工作中没有得到表扬。美国劳工部的调研则表明:64% 的美国人说他们离职的原因是他们没有感受到被欣赏。

你可能会说,不可能吧,表扬和欣赏的作用没有这么大。

其实心理学家们早有结论,积极的表达,可以让你的生意更兴隆,婚姻更美满。

一、神奇的洛萨达比例

芭芭拉·弗雷德里克森(Barbara Fredrickson)和马赛尔·洛萨达(Marcel Losada)是积极心理学家,他们录下了 60 家公司开会时的所有对话,其中 1/3 的公司生意红火,1/3 的公司运转得不错,而其余 1/3 的公司面临破产。他们将录下的所有的句子按积极或消极的词语进行编码,计算出积极与消极的比例。积极内容包括团队成员表示支持、鼓励、赞赏,乃至感谢。消极内容包括反对、冷言冷语以及讽刺打击。

他们发现,当积极内容与消极内容的比例大于 2.9:1 时,公司就会蓬勃发展。低于这个比例,公司发展就不好。这个比例被命名为洛萨达比例。

在家庭中,也有类似的效应。如果积极语言和消极语言的比例低于 2.9:1,就意味着快离婚了。而美满的婚姻,两者的比例需要达到 5:1。

当然，也不能过度追求积极，当积极语言和消极语言的比例超过13:1，会让人觉得不可靠。

积极语言会让人产生积极的情绪。

我邀请你回忆一下你上一次被欣赏和感激的时刻，你的内心是什么感觉？也许是喜悦、幸福、满足、感动……当你有积极的情绪的时候，你的行为会有什么不同？也许你更愿意去承担责任，做一些有难度的事情。

积极情绪能产生全面的注意力、更多的创造性思维。谷歌允许员工带宠物上班、为员工准备免费咖啡、把办公室布置得又舒适又好玩，就是为了让创意精英们保持愉快的情绪，有更多的创造力。

二、赋能反馈让大脑关注积极信息

既然积极的语言这么有用，为何在职场中我们不愿意多说积极语言，而是呈现出盖洛普和美国劳工部的调研结果呢？这是因为我们大脑的设置会让我们天然地关注消极负面的消息。

消极负面的信息意味着可能有危险，会威胁到我们的生存。而我们的大脑为了我们的安全，始终不断地检测环境中的人、事、物，一旦发现可能的威胁，就要提醒我们注意。所以我们常常把事情进展良好认为是理所当然的，而出现问题反而立刻关注。

另一个思维习惯就是因果思维，问题的发生一定有其原因，有责任人。所以我们常常会有消极的表达。但这些消极的表达会引发对方消极的情绪和抗拒，不利于对方的改变和双方的合作。

在《4D卓越团队》一书中，查理·佩勒林博士提出，当面临一种困难的情境时，你的表达要从欣赏和感激对方开始。

你可能会说，对方明明有错，我怎么能欣赏和感激？其实，对方如果觉得他是错的，他就不会那样做。你说他错，大部分时间只会引起他的辩解和对抗。而你如果觉得对方错了，也要找到对方可以欣赏和感激的地方，这本身对你的思维模式就是一个挑战。

每个人都会有些习惯性的消极表达。

有一次小叶讲课时，一个学员说他有个客户，三天两头在QQ上联系他，每次都吐槽他们的产品，他特别讨厌这个客户。听完了他的抱怨，小叶说："看来你还真的为此感到烦恼。假如让你对这个客户说些欣赏和感激的话，你会说些什么？"这个学员愣住了。他说我不欣赏和感激他。小叶追问："假如能找到一些可以欣赏和感激的地方呢？"他愣了半天，终于说道："至少他愿意给我们反馈，而不是投诉或直接退货。"表达上的这一个小小的改变，意味着在他的大脑中建立了一条新的神经连接。他的思维得到了一次拓展。当然要想让这条神经连接更加稳固，变成新的习惯，他还需要经常练习才行。

一件事、一个人，就好像是太极图，有黑有白，只要你善于发现，一定能找到积极的方面。

三、赋能反馈的要点

赋能反馈的关键是真诚和具体。泛泛地说一句"你真棒"并不能起到赋能效果。而"你真聪明"的反馈就不如"你真努力"更有激励效果。至于有些人表达太过浮夸，被对方理解为讽刺，就更加不可取。

赋能反馈的表达可以使用这个简单的顺序：**行为－影响－欣赏感激**。

举个例子：

行为：王振，你们团队高质量完成了客户服务问卷的更新。你们利用周末时间，开发出了能准确反映客服状态的问题，这些问题展现了你们对业务深刻的洞察力和敏感性。

影响：由于你们的努力，我们才开始真正倾听客户声音——这对于提升客户满意度有着非比寻常的意义。

感谢：接受一项其他组不愿接受的艰辛任务，并取得让我们感到骄傲的结果是需要勇气的。

这里的关键是：关于行为的表述是完全客观中立，不带评判的。

以下表述大家估计很熟悉，它们都是评判：

- 你总是很忙。
- 在需要他的时候，他从不出现。
- 你很少配合我。
- 我父亲是个好人。

那怎么改变呢？**想象自己是一台摄像机，只是如实记录发生了什么**，而不会评价做得好还是不好。

评 判	观 察
你总是很忙	上周你在家吃了一顿晚饭，还有 4 天是晚上 10 点后回的家
在需要他的时候，他从不出现	上个月女儿的家长会他说没空，母亲病了，他也说没空，我一个人送母亲去的医院
你很少配合我	我想请你帮我查一下公司产品的性能数据，你拒绝了
我父亲是个好人	我父亲帮他大哥盖了房子，帮他姐姐的孩子安排了工作，还借钱给朋友办公司

关于赋能反馈常见的误区有以下几个方面：

误 区	若能这样——
这么一点小事不值得赞赏啊	要真心认可和赞赏下属的每一点进步和进步的细节
我对他的大部分工作不满意，如何认可	那就只认可满意的部分

(续)

误区	若能这样——
总赞美下属他们不就翘尾巴了吗	诚实的赞赏使人进步
我这人就是这样,不会恭维别人	适当改变自己,你也喜欢被赞赏不是吗
我哪里有时间去琢磨赞赏他	能花多少时间呢
下属已经够难管了,还要赞赏	因为你老是看不惯,他们才抵制你

所以我们需要调整自己的认知,并把关注点更多地放在人们做得好的地方。

一个人的潜能就像鹰的本能,是要翱翔在天际的。这种能量是人本来就有的,只需要有一些外在的激发。

四、生活中的赋能反馈

例如,你想发展孩子做家务这项技能。当孩子做了一件家务,如何才算是好的反馈?

我们通常有几种反应。

第一种是不回应。不回应,就无法很好地激发孩子最初做家务的兴趣,让孩子觉得自己做的是一件没有意义的事情。

第二种回应是夸奖孩子"好棒好棒",这样的回应比不回应好,但还是没有起到激发孩子内在动力的作用。

第三种回应也就是给大家推荐的方法——**行为—影响—欣赏感激**:"妈妈看到你刚才收拾卧室了,看着干净的卧室,妈妈真开心,谢谢你!"

单独赞美太笼统,而这样的回应,就是在"看见"孩子,看见孩子做家务的价值和意义,激发孩子内在的动力。

再举个例子。

同事帮小芳梳理课程逻辑,让小芳的课程更加清晰。小芳原来习惯性的反馈就是:"你太棒啦!"

但她使用了赋能反馈，就会这样说："你工作这么忙，还愿意花费一个小时和我一起梳理课程，让我的课程更加有逻辑，这样我讲起来就更加清晰，谢谢你！"

是不是更加真实、充满情感和力度呢？

所以，下一次反馈别人的时候，你就可以运用这三个要素。

第三节　发展性反馈
——当你希望对方停止某些行为时的反馈

一、发展型反馈的要点

小叶曾经问过很多管理者，你找员工沟通的次数多还是员工找你的次数多？大多数管理者们的回答是：我找员工多。

问到大致的比例是多少时，管理者给出的答案介于 6∶4 到 8∶2 之间。为什么会这样呢？

管理者主动去找员工，一般是检查工作进展，如果进展不理想，就会告知员工："你的方法不对，你得按我的方法来。"或者委婉一点："你这样做不太恰当，我给你提一些建议吧，这样……"经常这样直接指导，员工要么干脆不动脑子，每次等你给答案，要么觉得自己的想法不被当回事，积极性受挫。所以当然员工不愿意主动找管理者。

其实，管理者应该给员工犯错的机会，对错误的反思恰恰是成长最好的时机。但很多管理者缺乏耐心，会一针见血地直接指出员工的不足，而且态度也比较强硬。这常常会让员工产生防御心理，对自己的所作所为进行辩解。如果是年轻的管理者对资深员工，更会双方各执己见，一个仗着职位，一个凭着经验，谁也说服不了谁。结果不仅员工并没有学到该学的东西，还和管理者闹得很僵，之后合作起来会更难。

还有管理者告诉小叶，有些下属总是犯同样的错误。其实，第一次犯错，是下属不知道你的标准。第二次犯错，是下属学习能力不足。但如果再接二连三地犯错，往往就说明员工跟管理者的关系出了问题。

管理者常常觉得员工做事达不到自己的标准，所以有些管理者干脆撸起袖子自己上，做了本应让员工做的工作，结果员工的能力更没有机会得到提升。

看到这里你可能要说了，员工的做法有问题，难道我放任不管吗？

当然不是，你需要对员工进行发展性反馈。

发展性反馈的关键点在于：

1. 面向未来

不要纠缠于员工为什么会犯错，而是着重去想你想要的结果是什么，对方要通过什么行为得到这个结果。

2. 双向沟通

和员工讨论如何改进，听取员工的建议，获得员工的承诺。

3. 客观而不评判

管理者需要放下自己的主观判断，告知员工你的观察，即使有所解读也要向员工求证。

我们总以为当对方做错事情时，我们必须要及时指出来，并要求其改正。但其实他们经常能够意识到自己做错的地方，也有资源去改正。他们需要的只是一些理解、接纳和善意的引导。反之，一味批评只会带来防御和抗拒。

那么，如何指出员工需要改正的地方，而且不让员工产生抵触情绪呢？

在此给大家一个顺序：**行为—后果—期待行为。**

举个例子：

一位妈妈买了一块金表，孩子把金表拆开，无法复原，妈妈将孩子狠揍了一顿。孩子上学后，老师发现孩子状态不对，问明情况，便把妈妈请来。

如果你是老师，你会怎么说呢？

这位老师是这样说的：

行为：今天孩子拆坏了金表，你打了他。

影响：恐怕一个中国的"爱迪生"被枪毙了。

期待行为：你可以和孩子一起把金表送到钟表铺，让孩子站在一旁看修表匠如何修理，这样，钟表铺就成了课堂，修表匠成了先生，孩子就成了学生，修表费成了学费，孩子的好奇心就可以得到满足了。

这位老师就是中国著名的教育家陶行知先生。

这种反馈的要点在于，行为是对方做了什么、说了什么，是完全客观地描述事实，就好像摄像机重播当时的录像一样，不带任何评判。这样才不会引起对方的抗拒。

而且当说明了影响之后，要暂停一下，等待对方说明情况。也许你会听到一些没有想到的事情，发现你误解了对方，或者对方资源不足，无法有更好的选择。

期待行为需要具体、明确。例如这样的表达就不够具体："关于昨天的会议，请不要隐瞒你的看法。"

更好的是："你怎么看我昨天在会议中的表现，给我一些建议好吗？"

期待行为可以由你说出来，也可以问问对方未来想怎么做，因为对方说出的行为一定是他可以做到的。即使你给出期待行为，也需要获得对方的承诺。

总之，发展性反馈一定要面向未来，目的是让员工和企业一同获得发展。

二、在家庭中应用发展性反馈

同样用孩子做家务这件事情来举例。

小芳家的孩子每天看完书就乱扔，沙发上、床上、书桌上都是她看过的书。小芳喜欢整洁，每当看到这种情形就会抓狂，大吼和威胁："你立刻把所有的书给我收拾好了，否则……"但这样的威胁有时候管用，有时候不管用，随着孩子越来越大，威胁已经没那么吓人了，而且孩子还学会了顶嘴。所以这样的回应对孩子没用，每次还让自己生气上火。

最近小芳用发展式回应，还挺有效果的。

发展性反馈的关键要素是"行为"，也就是你要描述行为而不是对对方进行评判。什么是行为呢？"我注意到你的五本书都扔在沙发上"，这是行为描述。那什么是评判呢？"你这孩子就知道到处乱扔东西，每天都是这样，你快气死我了！"评判会让对方感觉受到了威胁，因此会处于应激反应中，不是不搭理你，就是和你吵架。

小芳是这样和孩子说的："宝贝，我的书桌上有五本你的书（行为），我想工作都没有地方，我感到烦躁（影响），我想看到一个干净整洁的书桌。"

孩子听到小芳这么说，就回应道："妈妈，我喜欢你这样和我说，你一会儿进来，我保证你满意。"

果然，一会儿孩子把书桌收拾干净了。这时候小芳又给了孩子一个赋能反馈："妈妈看到一个干净整洁的书桌，心情真好，谢谢你！你真是一个爱整洁的孩子！"

孩子得意地笑了："那当然了！"

三、更高级的反馈

更高级的发展性反馈是我不批评你，而让你自己知道错误和如何改正。

陶行知先生曾经在小学做校长。

一天，他走在校园里，看到一名男生用砖头砸另一个同学。他及时制止住男生，并让男生去自己的办公室。在了解情况后，陶行知回到办公

室，发现那名男生正在等他。男生内心忐忑，但又觉得自己没错，梗着脖子一副不在乎的样子。

没想到陶行知掏出一颗糖递给男生："奖励你一颗糖，因为你很准时，比我先到了。"男生愣住了。

陶行知接着掏出第二颗糖："再奖励你一颗糖，我不让你打人，你立刻就住手，说明你很尊重我。"男生将信将疑地接过糖，原来僵硬的身体不知不觉放松了。

陶行知又掏出第三颗糖："再奖励你一颗糖。我了解了一下，你打同学是因为他欺负女生，说明你很有正义感。"说完，陶行知微笑着看着男生。男生眼圈红了，眼泪簌簌流下，他抽泣着说："校长，我错了。不管怎么说，我用砖头打人是不对的。我下次跟他讲道理。"陶行知点点头，掏出第四颗糖："再奖励你一颗糖。知错能改，善莫大焉。我的糖发完了，我们的谈话也可以结束了。"

陶行知"四颗糖"的教育力量，远大于常规的批评。不光家长和老师，作为管理者，面对表现不理想的员工，也可以借鉴这种方法。

如果你能用教练式领导者的视角看待员工，就会视他们为自己生命的专家，他们能够制造出一个问题，也就有能力解决问题，问题背后是目标，抱怨背后是期待。当你这样看待员工的时候，你就不光看到员工犯的错，也会看到员工这个人。管理者要帮助员工承担起责任，让员工获得掌控感。

精彩回顾

1. 反馈要起到赋能的效果，让对方在有安全感的基础上，自己愿意改变。
2. 赋能反馈促进改变的效果更大，要多用赋能反馈。
3. 赋能反馈的参考顺序是：**行为—影响—欣赏感激**，发展型反馈的参考顺序是：**行为—后果—期待行为**。

4. 反馈的关键要素是要描述行为,而不是评判。

使用"行为—影响—欣赏感激"的赋能反馈方式给身边的人提供反馈,比如下属、同事、爱人、孩子,注意他们的反应。

第七章

教练原则

> 玫瑰始终都是玫瑰。它的全部潜力蕴含在整个生命过程中。成长变化的同时又做到了始终如一；在每一个阶段、每一时刻，它都完美地展现出真实的自我。
>
> ——提摩西·加尔韦，《身心合一的奇迹力量》

第一节　你戴着什么样的有色眼镜在看世界

一、你戴着什么样的有色眼镜

这是小芳的一个朋友的真实经历。

很多年前，他在国外做财务软件，和他一起的还有一位同事，他们一起看电影《肖申克的救赎》，回来后分享彼此的收获。他为安迪为梦想的坚持、对事情的细致策划、为友谊而付出而感动，从而得到力量的支持。最后，他活成了自己想成为的样子，成为了一个发展前景很好的上市企业的高管。他珍惜友谊，他知道自己的目标，为价值观而生活。而他的同事却羡慕安迪为监狱长沃登洗黑钱，为使用自己的专业知识获取那么多的财富而暗暗心动。最后同事也活成了想成为的样子，利用职务机会为自己谋取金钱。但世上没有不透风的墙,有一天,单位检查时,同事因来不及填补他的财务窟窿而锒铛入狱。

同样一部电影,不同的人却看到了不一样的内容;同样一部电影,不同的人却收获了不一样的感受;同样一部电影,不同的人采取了不一样的行动。

是电影的问题吗?如果不是,那又是什么导致了不同的人生结果?

在《教练式领导者》课程中,我们设置了一个"太阳镜"游戏。

两人一组,分A和B,A是倾听的人,B是描述自己面临的困难的人。

第一轮:A戴上深色太阳镜

所谓深色太阳镜就是A不需要说出来,但就是带着"似乎B有毛病、没能力、态度差、不积极、不上进、没救了"的态度去观察和倾听。

B分享目前遇到的一个小困难。

A倾听。

第二轮:A戴上浅色太阳镜

所谓浅色太阳镜就是A带着一种"他是有智慧的、有力量的、有能力的,也许暂时没找到有效的方法,或者卡住了,他有能力自己改善"的态度去观察和倾听。将对方视为天才,假装他正在学习和成长,能轻松自如地运用自己的智慧。

B分享目前遇到的一个小困难。

A倾听。

每一次课程中,我们都会为这个游戏两轮后不同的结果而惊讶。

第一轮的两人对话,很多时候都持续不下去,B每次甚至都无法说下去,尽管倾听者A一直在听他说话,但A因为戴了深色太阳镜,虽然没有说话,但**全身都透露出"对方就是一个大笨蛋"**的非语言信息,让说者觉得自己就是有毛病、没能力,而觉得自己更加无力。但到了第二轮,能量完全不一样,B还在述说同一个问题,由于听者A这次戴着浅色太阳镜,

教练式沟通
简单、高效、可复制的赋能方法

他相信 B 是有资源、有能力的，因此会带着欣赏的目光和愿意倾听的身体语言，去全身心地和对方在一起。甚至很多时候，在第二轮的游戏中，B 在讲述的过程中就找到了解决问题的办法，尽管对方并没有给他任何建议。

同样的问题，当我们持不同的观点看待，会表现出不同的行为，从而得到不一样的结果。

是问题变了吗？

我们都曾有过这样的体验，在生命的历程中，遇到生命的导师，因为被对方看见，而成就了自己。很多时候，我们甚至都不知道自己有这样的潜质。

这个人也许是你的老师，也许是你的父母，也许是你的领导，也许是你的朋友，也许是你自己。他看见了你，从而成就了你。

我们每个人都戴着眼镜在看世界，眼镜背后隐藏的是你的思维，是你如何看待这个世界的观点。

所以，就像开头那位朋友，他知道自己要什么，知道自己想要过什么样的生活，于是，他戴着的眼镜就是奋斗、坚持、友谊、自由。而另一个锒铛入狱的朋友，他同样戴着看世界的眼镜，这副眼镜是捷径、不劳而获的财富、通过另一种渠道获得不属于自己的利益。于是，不同的眼镜，看见不一样的世界；不同的眼镜，遇见不一样的自己，导致不一样的结果。

你是可以选择让自己戴什么样的眼镜看世界的。要通过拓展自己的思维，知道自己内在真正的需要是什么，意识到什么才是真正对自己重要的，如何做才是自己能赢，对方能赢，又不伤害系统的行动。

通过不断的学习、自我成长、工作阅历，让自己的思维越来越有弹性，让自己更加从容地选择适合自己的眼镜。而我们也可以成为那个戴着不同眼镜看对方的人。

假如你是一位老师。

请选好要戴的眼镜，相信学生是有资源的人，相信他本来的样子是好的，他在当下做了好的选择，他的行为背后也有正面的意义，去理解对方，去看见对方这些潜质。你会发现，当你戴着不同的眼镜，就会看见不一样的学生。

假如你是一位父母。

请选择好自己的眼镜，你要相信你的孩子本来就是好的，你的孩子的每一个行为背后都有正面的意义，哪怕这个行为是你认为不适当的，但透过行为看见孩子的需求，你会相信改变一直在发生，且孩子本来就拥有解决问题的资源。你会发现，当你戴着不同的眼镜，就会看见不一样的孩子。

假如你是一位领导。

如果你知道你的目标是什么，请一定要选择好你要戴的眼镜。当你戴着深色太阳镜，觉得你的下属就是一个大笨蛋，恭喜你，确实如你所料，你的下属是个大笨蛋。当你戴着浅色太阳镜，相信你的下属是有潜力的，如果给他机会，就能释放出他们的潜能，以使其获得最大的成就，并帮助他们学习和成长。你会发现，自己将成为一个轻松、高效的领导。

二、你是如何戴上有色眼镜的

有这样一个故事：

一个单身女子刚搬入新家，晚上忽然停电，她赶紧点起了蜡烛。忽听有人敲门。原来是隔壁的小孩子。

女子心想：她肯定是来借蜡烛的，刚来就借东西，以后就更没完没了了。

果然小孩紧张地问："阿姨，你家有蜡烛吗？"

她隔着门冷冰冰地说："没有！"

小孩笑了，还带着一丝得意："我就知道你家没有！妈妈怕你害怕，让我给你送蜡烛来了。"

每个人在看世界的时候，脑子里都已经有了一套觉得"世界应该怎样"的主观看法。

这一套"应该"就好像我们看世界的"有色眼镜",看到的东西已经不是客观的人和事物,而是滤去了一些我们认为不对的、不愿相信的信息,留下的是符合我们的信念的东西。而我们都认为自己看到的不完整或变形的世界才是"真实的世界"。

每个人戴的"有色眼镜"都是从小到大在成长过程中逐渐形成的,大致有四种来源:

1. 自己的经验教训

多年前,小叶当经理不久,新招了一名员工,是个帅哥,大家对他的印象都很不错,但可惜他干活实在不靠谱,试用期就解聘了,小叶一直觉得有些抱歉。他离职两个月后找小叶借了 2000 元,说有个亲戚重病,钱给了他,他便人间蒸发了。于是小叶根据和别人的交情深浅,设立了"可不归还的借钱金额"标准,有的人可能就是 2000 元,有的人可能是 10 万元。所以有人再借钱的时候,她出借的金额绝对不超过这个人所对应的标准。

2. 看别人的经验学来的

小叶刚到某家公司的时候,发现同事们在做项目的时候都要填一个复杂的策划表,表中要说清楚做事的目的、目标、策略、负责人等,而汇报的时候,领导总是问"做这件事的目的是什么"。于是小叶学到了"**领导都关心做事的目的**"。她每次做项目的时候,认真思考,主动填表,并且跟领导汇报的时候先说明做事的目的,果然顺利通过了审批。

3. 信任的人灌输的

小叶小的时候,父亲一直说"女孩子不要太出头,找个好丈夫,有个稳定的工作就行了"。所以小叶始终把稳定作为决策的依据。

4. 自我思考的总结

小叶刚毕业的时候,身边一个同事经常被人夸情商高,小叶观察发现,这个同事从来不拒绝别人的请求,由此小叶得出一个结论,情商高就是好老人。于是小叶相当长的时间里也从来不拒绝别人,让自己很累。后来小叶才知道老好人并不是高情商，才逐渐摆脱了委曲求全的老好人形象。

从有色眼镜的四种来源可见，我们的认识很多要么是根据不完全的经验概括而成，要么是别人把他们认为对的东西强加给我们。透过有色眼镜看到的世界必然是经过过滤的，并不完全是真实的。

三、有色眼镜如何影响你

有一段时间，因为女儿写作业磨蹭，小叶作为"陪娃写作业"的家长，经常训斥女儿，和女儿的关系就比较紧张。

有一次晚饭后小叶随口说了一句："你今天吃饭吃得挺好啊。"女儿立刻警惕地说："你想让我干什么就直接说。"小叶说："你为什么这么说，我没有想让你干什么啊。"女儿"哼"了一声，说："你这么和颜悦色，肯定是没好事。"

看，孩子戴着"妈妈经常凶巴巴的，忽然这么温柔，肯定是有什么目的"的有色眼镜，所以她怎么看怎么觉得小叶的温柔是假的。

设想一下，当你跟一个人沟通的时候，如果心里想着"这个人有毛病，没能力，态度不好，不够积极主动，没有上进心……"你会有怎样的表情和肢体语言？当你这样做的时候，对方又会有什么表现？你可能会发现对方跟你说话躲躲闪闪，废话连篇，没有建设性的观点。这更验证了你的看法。

如果你换一副眼镜，跟人沟通的时候，视对面这个人为"天才"，认为他"有理想、有抱负、有能力、态度积极、做事靠谱"，这样即使对方出现错误，你也会觉得"这不像他，他只是暂时遇到点瓶颈，终究会克服困难，找到解决方案"。而你也会看到对方如你所愿，表现得像个"天才"。

这就是著名的罗森塔尔效应。

1968年的一天，美国心理学家罗森塔尔来到一所小学，说要进行7项实验。他从一至六年级各选了3个班，对这18个班的学生进行了"未来发展趋势测验"。之后，罗森塔尔以赞许的口吻将一份"最有发展前途者"的名单交给了校长和相关老师，并叮嘱他们务必要保密，以免影响实验的正确性。其实，罗森塔尔撒了一个"权威性谎言"，因为名单上的学生是随便挑选出来的。8个月后，罗森塔尔和助手们对那18个班级的学生进行了复试，结果奇迹出现了：凡是上了名单的学生，个个成绩都有了较大的进步，且表现得活泼开朗，自信心强，求知欲旺盛，更乐于和别人打交道。显然，罗森塔尔的"谎言"发挥了作用。这个谎言对老师产生了暗示，左右了老师对名单上的学生的能力评价，而老师又将自己的这一心理活动通过自己的语言和行为递信号给学生，使学生变得更加自尊、自爱、自信、自强，从而使各方面得到了异乎寻常的进步。后来，人们把像这种由于他人（特别是像老师和家长这样的"他人"）的期望和热爱，使人们的行为发生与期望趋于一致的变化的情况，称为"罗森塔尔效应"。

心理学上有"自证预言"的说法，意指人会不自觉地按已知的预言来行事，最终令预言成真。

亨利·福特说过："无论你觉得你能做还是不能做，你都是对的。"

所以你的有色眼镜决定了你看到的世界。

而你对别人的期望会影响对方的表现。

作为激发人们成长、赋能于人的教练，需要秉承教练的哲学理念和人性观，更具象的表现就是教练原则。以下五个教练原则就是教练的"有色眼镜"。

1. 每个人都是自己生命的专家。
2. 聚焦目标和进步。
3. 每个行为背后都有正面意图。
4. 每个人都具备成功所需的一切资源。
5. 一小步引发大改变。

戴着这样的"有色眼镜",才能真正看到每个人都独一无二,每个人都具备巨人的潜能。

第二节　教练五原则

一、每个人都是自己生命的专家

小叶的女儿5岁时,小叶和同学约好去千岛湖。同学从杭州到上海机场和小叶会合。女儿晕车,在去往机场的出租车上就不舒服,一直问"什么时候到"。待上了飞机,滑行时女儿就开始发抖,尖叫"我不坐飞机,我要下飞机!"小叶又恼火又无奈。女儿要求坐到小叶腿上,使劲地搂着小叶,双手冰凉,浑身发抖,继而开始大哭。小叶一边紧紧地搂着她,一边有点语无伦次地说:"乖女儿,不怕不怕,有爸爸妈妈在,飞机很安全的,一会就到了,咱们要去千岛湖,必须得坐飞机……"整个飞机上的人都用异样的眼光看着他们,还有人低声说:"这小孩怎么回事?"小叶很尴尬,跟空姐商量后坐到了最后一排。女儿惊恐不安,不能看书,不能吃东西,一路大哭,小叶如芒刺在背,一个多小时的飞行简直是一场煎熬。

终于下了飞机,到了停车场,和同学会合。彼此寒暄几句,就预备上车。没想到,女儿大叫"不坐车不坐车",死活不上车,劝了二十分钟未果。小叶的先生大汗淋漓地说:"这可怎么办,上不着天,下不着地的。总不能刚来就转身回去吧。"同学劝道:"既然来了,就先去玩玩吧。"最后只好使用武力,硬把女儿抱上车,女儿在车上乱蹬乱踹,歇斯底里地大哭,哭得上气不接下气,小叶使劲按住她,一路生无可恋,终于半个小时后她哭累了,睡着了。在千岛湖的几天都很好,然而小叶的心始终悬着。果然返程再现梦魇般的经历:拒绝上车—硬塞到车上—大哭半小时—睡着—飞机上一路大哭。

这之后,女儿完全不能坐车,对车的恐惧蔓延到连电梯也不能坐。小

教练式沟通
简单、高效、可复制的赋能方法

叶试图锻炼女儿，抱着女儿转圈，但只有几圈她就晕。小叶又训练女儿乘坐电梯，无论是鼓励还是引诱都没用。小叶无望地想：如果这样下去，春节回老家怎么办？出门旅游怎么办？长大以后去外地上学怎么办？

数次努力无果，小叶只得接受了女儿不乘电梯、不坐车的现实。小叶也意识到千岛湖之行简单粗暴的处理方式造成了女儿的创伤。先生也劝小叶，不作为也许是最大的作为。小叶决定顺其自然，不再强迫女儿。于是周末不再开车外出，只在家附近的游乐场玩。十几层的楼梯，小叶拉着女儿的手慢慢走。

没想到大约半年后，忽然有一天，在女儿经常去的商场游乐场，毫无征兆地，女儿居然主动走进了电梯。小叶很惊讶，发生了什么？她居然要挑战自己？

电梯里女儿仍然要求小叶抱着，一直在发抖，虽然只是从二楼到一楼，但居然从此就可以乘电梯了。一个月后，女儿要求坐车出去玩，一开始坐公共汽车。通风好，车速慢，随时可以下车。慢慢地可以乘轿车短途出行。再后来她能接受的乘车时间越来越长，最后春节开车回家，路上10个小时，女儿也没问题了。

一年后女儿终于能够乘坐飞机，起飞和降落时，女儿还是要小叶紧紧抱着，紧闭双眼，瑟瑟发抖，小声呻吟。飞行中必须全程看iPad吸引注意力，颠簸的时候还是得抱着。再后来，乘坐5小时的飞机从容淡定，虽然遇上颠簸还是会紧抓扶手惊呼几声。整个转变花了4年的时间。对小叶来说这个过程简直太神奇了，小叶和先生什么都没有做，女儿用"系统脱敏法"治愈了自己，她就是自己的心理医生！

教练的首要原则是"每个人都是自己生命的专家"。女儿自我疗愈的故事，让小叶赞叹生命运作的神奇法则，惊异于即使是一个孩子，也具有神奇的自我疗愈的能力。都说孩子是来教育父母的，小叶从女儿身上学到了很多。小叶发现，当她信任女儿、放手让女儿按自己的方式和节奏去做事，最后的结果都会超出小叶的期望。活出成功、快乐、轻松、满足的人生所需的能力和资源，都已经跟随女儿的生命来到她身上。小叶只需带着爱和祝福看着她修习她的人生功课，走好她的人生道路。也许"顺其自然"比有所作为更好，陪伴和允许比积极鼓励更好。

附上小诗一首，送给父母们。

《论孩子》

（纪伯伦著，冰心译）

你们的孩子，都不是你们的孩子

乃是生命为自己所渴望的儿女。

他们是借你们而来，却不是从你们而来

他们虽和你们同在，却不属于你们。

你们可以给他们爱，却不可以给他们思想。

因为他们有自己的思想。

你们可以荫庇他们的身体，却不能荫蔽他们的灵魂。

因为他们的灵魂，是住在明日的宅中，那是你们在梦中也不能想见的。

你们可以努力去模仿他们，却不能使他们来像你们。

因为生命是不倒行的，也不与昨日一同停留。

你们是弓，你们的孩子是从弦上发出的生命的箭矢。

那射者在无穷之间看定了目标，也用神力将你们引满，使他的箭矢迅速而遥远地射了出来。

让你们在射者手中的弯曲成为喜乐吧。

因为他爱那飞出的箭，也爱了那静止的弓。

二、聚焦目标和进步

1. 太关注问题，以至于忘记了目标

小叶来找教练，带来的议题是"如何减少买买买"。

小叶讲了"买买买"的很多坏处，例如花钱太多变成"月光族"；家

里东西越堆越多，很难整理，而想要的东西却找不到；经常浏览各种网店，不仅可能达不到想要的目的，还白白浪费了好多时间；外表看来理性自律，但难以控制购物瘾，内外不一致，有分裂感……

教练耐心听完，问道："所以你想要的是什么呢？"

小叶不假思索地说："我想控制购物欲啊。现在我爱人也对我有意见……"

教练又问："所以你想要的到底是什么呢？"

小叶说："就是少花时间在购物上啊。你看我想学英语，可是一逛网上商城，就逛了一个小时，然后我就没时间学英语了……"

这一次，教练看着小叶，一字一顿地说："所以，你**真正**想要的是什么呢？"

看到教练郑重的表情，小叶迟疑了一下，这才开始仔细去想教练问了三次的问题。我想要什么？我想要的真是不购物吗？不是啊。我想要的是规划好时间，有更多的时间能够学习，最终成长为一名教练啊。

小叶醍醐灌顶，她之前的思维都集中在问题上，而忘记了自己的目标。

接下来教练和小叶探讨了以下问题：

"成为教练对你来说意味着什么呢？"

"为了成长为一名教练，你需要具备什么能力呢？"

"你需要做些什么呢？"

很快就拿到了教练对话的成果。

小叶之前陷入了"聚焦问题"思维，而不是"聚焦目标"思维。

那么两种思维方式有什么不同呢？

2. 体验两种思维方式

为了更好地理解两种思维方式的不同，我邀请你回想你最近遇到的一个困惑或者问题。如果你已经想到了，我们就一起来看看，当我们运用不同的思维方式来思考的时候，会有什么不同。

第一轮，请回答以下问题：

1）你最近遇到的困境/问题是什么？
2）发生这样的事，你的想法和感觉是什么？
3）这个困境持续了多久？对你造成的影响是什么？
4）你认为这个困难何以发生？是谁造成的？
5）你曾用过哪些方法来处理困境？你认为何以失败？
6）因为处理失败，你的感觉和想法是什么？对你造成了什么样的影响？
7）你觉得目前是什么阻碍了你？

现在，你内心是什么感觉？如果给内心的能量程度打个分，10分是非常有能量，0分相反，你现在是几分？

好，现在重新来过。再次回想你之前想到问题或困惑。

第二轮，请回答以下问题：

1）你最近遇到的一个困境/问题是什么？
2）你希望这个困境解决后的情况或者美好的结局是怎样的？如果成真了，你的状况会有什么不同？
3）这个困境何时没有发生或者比较不严重？何以如此呢？
4）当你面临这个困境时，什么力量在支持你面对它？
5）若询问你周围的好朋友，他们会给你什么样的建议，或者鼓励和肯定呢？
6）你觉得你需要什么样的资源和力量走出这个困境？你要如何找到这些资源？
7）若你想要的结果是10分，你目前在几分？若有资源，你会到几分？你需要跨出的一小步是什么？

现在，你内心是什么感觉？如果给内心的能量程度打个分，10分是非常有能量，1分是很低落无力，你现在是几分？这一次的打分和第一次有什么不同？

这个练习很多人做过，普遍的感受是，第二次的能量程度更高，感觉更好。

3. 聚焦问题与聚焦目标的差别

上面的练习体现了两种不同取向的思维方式。

第一种就是聚焦问题的思维方式。

问题发生在过去，所以这也是一种聚焦于过去的思维方式。

这是我们生活中很普遍的一种思维方式。你遇到一个问题，就想去探究：问题为什么会发生？我们认为找到问题发生的原因，就可以解决问题。

然而问题出现时，你可能根本找不到原因。就好像有人得了癌症，只能推测跟哪些因素有关（这个世界因果关系很少，相关关系很多）。硬要找一个原因，很可能也是臆测。

况且即使找到原因，你也不一定能解决。

所以，聚焦问题，往往徒增烦恼。

以 2019 年年底发现，2020 年年初爆发的新型冠状病毒事件为例。你无法解决问题，面对各种真真假假的疫情信息，心里充满挫折感、担心、恐惧、愤怒、沮丧、无助、烦躁、愧疚等各种情绪。你知道你的感受是正常的，也知道它们为什么产生，然而这一切并不能帮你渡过心理难关。除非你树立了一个目标。比如学习如何在危机时刻做心理援助、写一本书、学会做饭、减重 10 斤、改善和孩子的关系等。

这时你开始收听心理专家的线上课程，理解自己的感受，接纳自己的感受，如果有余力可以帮助其他人疏导情绪，将所学的心理学知识学以致用。你也可以每天拿出 4 个小时专心写作。或者把已经有设计方案但迟迟没有录制的网课录制一下。

你也可以跟着菜谱尝试把土豆做出二十种花样。或者每天练习瑜伽，减少零食摄入（因为不能去超市购买），瘦成一道闪电。你也可以趁机和家人亲密互动，跟孩子弥补一下陪伴不足产生的隔阂……

这时候你就在运用**聚焦目标**的思维。

目标和实现目标的行动方案都在未来，所以我们的关注点就从过去转向了未来。过去已经发生，无法改变。但未来有无限的可能性。

4. 聚焦目标带来的效果

关注所在，能量所向。

当你聚焦于问题，你的注意力被问题吸引，问题似乎会变大，你很容易卡在问题情境中，思维变狭窄，看不到更多的可能性，能量水平也会比较低，不易产生行动。

反之，当你聚焦于目标，也许根本不需要解决当下的问题，只需要绕过去，或者受到目标和愿景的指引，带着能量看待当下的问题，问题也没有那么吓人了。

后现代心理治疗技术"焦点解决短期治疗"（Solution-Focused Brief Therapy，SFBT）最能体现聚焦目标的思维方式。

SFBT 创始人之一的斯蒂夫·德·沙泽（Steve de Shazer）曾说："我没见过有很多问题的家庭，我只见过多目标的家庭。"

SFBT 的突破在于当事人与咨询师一起建构当事人的目标，咨询师则积极协助当事人发展出不同的角度来看待自己、身处的情境、行为与人际模式，而能充分运用既存优势与胜任能力来发展有效的解决之道。（摘自《建构解决之道》，许维素著）

现代教练技术和 SFBT 的来源之一都是埃里克森的催眠治疗，都借鉴了埃里克森的哲学理念、人性观等，在技术层面，教练则借鉴了很多 SFBT 的提问方式。

通过心理治疗的实证研究，人们发现 SFBT 之所以能够迅速产生效果，就是因为目标导向增加了当事人的信心和自我掌控感，所以当事人能以比较高的能量状态迅速地走出低谷，走向未来。

聚焦问题也不见得完全无效，只是更加适合具有线性规律的事情，比如生产线上出现质量问题时应排查原因，解决问题。但人并不是线性、纯理性、可完全回溯及预测的生物。日常生活中的问题也常常是病构问题，即问题的边界不清晰、规则和原理不清晰、解决问题的方法和步骤不清晰，没有完全标准的答案，需要不断试错的过程。

所以聚焦于目标，让我们把能量集中于想去的方向，让我们看到更多的可能性，反倒有利于激发个人能量，发挥主观能动性。尝试改变你的思维模式，也许人生会更加精彩。

三、每个行为背后都有正面意图

所有发生在我们身上的事件都是一个经过仔细包装的礼物。只要我们愿意面对它有时候有点丑恶的包装，带着耐心和勇气一点一点地拆开包装的话，我们会惊喜地看到里面珍藏的礼物。

——张德芬，《遇见未知的自己》

1. 爱捡纸箱的父母

小明出于孝心，把父母接到北京居住。

父母节俭惯了，每天把家里各种包装纸箱都攒起来，集中卖废品。门厅里的纸箱已经堆积如山。

小明之前也没有多说，今天父母居然从外面捡了一堆纸箱回来。

小明吃了一惊，不解地问："爸，我每月给你们的钱不够花吗？"

"够。可是这些纸箱不卖掉就可惜了。"爸爸说。

"捡纸箱多不卫生啊。"小明又说。

"我们就在门厅放，不往里屋拿。"爸爸说。

"纸箱能卖几个钱？我这房子几万一平方米，你当仓库使太不值当了。"小明有点生气了。

"你没经历过苦日子啊！"爸爸说。

"这……"小明没法跟老人再争辩，只能无奈地闭嘴。

翌日，他无限烦恼地跟朋友说起这件事。

朋友问："二老年龄也不小了吧？"

小明回答："是啊，都快七十了。"

朋友忽然黯然道:"要是我的父母还活着,他们捡地雷我都愿意,我还要陪他们一起捡。"

小明怔住了。

朋友接着说:"父母还健在,是你的福分。他们有事干,还能捡废品,权当锻炼身体;挣点零花钱也是想减轻你的负担;而且他们并不妨碍你,不如让他们按自己的意愿做吧。"

小明很惭愧,自己只关注父母捡纸箱带来的不便,没看到父母行为背后的正面意图。

小明不再埋怨父母,开始主动帮忙。一年多的时间,父母卖纸箱居然赚了5000多元,相当于收集了一万多斤的纸箱。小明惊异于父母的巨大能量,适当地给予父母积极反馈,父母也感受到了自己的价值,更加开心,家庭气氛变得其乐融融。

2. 花光积蓄也要买保健品

一年多不在身边,小叶发现爸妈花了十几万元买保健品:某品牌的牛初乳、山茶油、某藻类制作的面条、提高免疫力的某药片等。都是价格昂贵、产地可疑、夸大效用、缺乏科学依据的东西。

他们每天被电视购物、报纸上的广告,还有很多上门推销的姑娘、小伙包围,直到花光了所有的积蓄。

小叶听闻,忍不住冲爸妈发了一顿火,批评父母一把年纪,好像小孩子一样好骗;对生活缺乏规划,不知道留点钱备用,让儿女跟着操心。

大哥却说:"爸妈老了,爱惜身体,他们相信这些保健品有用,总有点安慰剂般的效果;我们没法一直在身边照顾,他们能有意识自己照顾自己也不错;他们自己出钱,花完也就不惦记了;花钱的时候觉得自己是个有钱人,心情也舒畅。老小孩小小孩,就由着他们吧。"

小叶释然了,不由地佩服大哥果然活得通透,理解人情世故,总能看到事情积极正向的一面。对父母的孝心让他找到父母行为的正面意义,同时也摆正了自己的位置。

3. 有勇气拆开属于你的礼物

一次在饭桌上，大家聊起每个人习惯性的反应模式，比如有的人发现自己遇到挑战的时候，会立刻"竖起全身的刺"进入战斗模式，有的人是唰地"亮出盔甲"把自己包裹起来。

小芳还有点骄傲地说："我觉得自己是一个向内看、能自我觉察的人，所以，我没有你们那么明显的模式。"

坐在一旁的老张默默笑了。

小芳看着老张"诡异"的笑容，问："老张你说我有什么模式呢？"

老张本还不好意思，想给小芳一点"面子"，但小芳非要打破砂锅问到底。老张就说："那我就举个小例子，还记得上次我早晨问你抢到纪念币的事情吗？"

"记得记得！"小芳点头说道。

"我问你抢到没有？你反过来说我告诉你早晨才开始，意思是没抢到是因为我没告诉你凌晨开抢，所以，**你认为没抢到硬币，是因为我的问题，但这和我有关系吗？**"老张笑着问。

小芳虽然有点不好意思，但仔细想了想那天自己的思维过程。

确实，当初小芳其实压根没把这件事情当回事，所以当老张问及此事的时候，小芳内心里觉得人家好意提醒你抢纪念币，还没抢到，隐隐觉得不好交代，但又不愿意承担内心里这种隐隐的不适感，于是下意识地把责任推了出去，推给了对方，说是对方的问题，所以自己才没抢到。

小芳恍然大悟！

这就是自己的模式：受害者模式。受害者模式背后通常有这样的语言模式：

都是因为你没告诉我，我才会没抢到；

我总是脆弱的；

要是某某不这样做就好了；

第七章
教练原则

我没办法；

无能为力；

什么也做不了；

等等。

小芳很吃惊：这居然是自己的模式，但自己一直以来最讨厌的就是这类人。为什么会这么讨厌呢？突然内心一个激灵："这不就是妈妈的模式吗？"一直看不惯妈妈的原因就是这个模式，小芳曾发誓不会变成妈妈这个样子，结果现在居然和妈妈一样了。

很多时候，我们讨厌关系亲密者的一种行为，通常是因为自己也有这种行为，但我们绝不愿意承认自己也是这样的，于是，就把它投射到外部，这样我们就觉得舒服了，认为这是别人的问题。

但这一刻，小芳经由看见自己的这个模式，深深理解了妈妈。记得曾经有一个老师说过，什么叫感同身受？假如把你完全放在对方的身体里，和对方经历在同样的时间遇见同样的人，过着同样的生活，你就会做出和对方一样的选择。

在妈妈的年代，妈妈选择了最适合的方式表达自己，把她能给小芳的最好的资源都给予了她。这一发现让小芳感谢自己生在这样一个年代，信息发达，学习资源多，让自己有机会学习和改变。

所以，小芳收到的第一个礼物就是理解和感恩妈妈，感谢妈妈把当时最好的礼物给予了自己。同时感谢自己，感谢自己所处的时代，让自己有机会看见这个模式，从而有机会疗愈。

每个人都有很多与生俱来的需求要被满足，在我们失望、悲伤、愤怒的时候，要有内在觉察，意识到源于内在的不满足，并对自己的情绪、行为、语言负起责任，从而获得内在的一致性。

不然，我们总认为自己的行为需要仰仗别人的态度而定，就等于把自己的力量交到了别人的手中，好像是在说："你使我活下去，你要为我的生死负责。"

4. 看到行为背后的正面意图

很多时候我们站在自己的角度，看别人的行为经常不理解。但如果我们能真正换位思考，就会发现对方的行为背后都有正面的意图。也许这个行为没有效果，或者你不认可，但意图一般没有错。

教练原则的第三条是"每个行为背后都有正面意图"。只有透过这样的视角去看待人们，才能带着感激和欣赏，对人们完全地尊重和接纳。这并不表示教练要放弃自己的价值观，必须理解对方的行为，而是要学会理解人们的意图，从而更好地沟通。要相信每个人都是独特的，都可以对自己的人生负责，每个人都是自己生命的专家，问题的解决之道存在于人们的经验之中，人们最了解自己的情况。

最后，把以下观念融入自己的生活中：

把昨天令你觉得不好意思的，当成今天的幽默；

把昨天想起来会让你发疯的，变成今天值得思考的可能；

把昨天的错误，当作今天学习的材料，虽然它有点痛苦；

把昨天令你迷惑的，当作今天你要去解决的。

四、每个人都拥有足够的资源

小黄、小红和小陆都曾是小叶的下属。

小黄上一年的绩效考核结果不理想，当年也因此没有调薪。

小叶跟他谈薪水时，他状态比较低落，说对工作比较困惑，自己一年来没有什么进步，没有发展。

随着了解的增多，小叶发现了小黄的模式，团队讨论方案时，他常常皱着眉头，说"我觉得这个方案有点问题"，然后提出一大堆可能的风险和担忧。问他这些问题如何解决，他会说"这个我也没想好"。

总结工作的时候，他经常讲一些细节，注重感性的判断，缺乏逻辑，还有时表达不清晰，领导心情不好的时候，就会直接打断他。

小叶是空降的经理，"新人"很容易遇到"老人"有意无意封锁信息的情况，小黄则给小叶提供了很多信息，包括以前的工作惯例、资源、要求。也许是感谢他的帮助，小叶花了很多时间辅导他，不断增加他工作的挑战性，小黄也在迎接挑战的过程中获得成长。

有一次小黄担任某项目的项目经理，跟副总裁反复讨论，确定了培训的目标。结果第二天他说，目标太大，实现不了，想请小叶再跟副总裁商量一下调低目标。小叶有点恼火，提高了音量，说："项目目标已经讨论过几次，一旦确定，我们的关注点不是目标是否合理，而是该如何达成这个挑战性目标。"小叶意识到自己有点过激，调整了一下，耐心地说："即使目标过高，但如果我们全力以赴、尽心尽力地去做，即使达不成目标，领导也能够理解。还没开始，就说做不到，如果你是领导，你怎么看？"

小叶和他一起分析项目关键点、可以考虑的资源、可采取的措施，将他的信心一点点建立起来。他开始积极推进，投入很多精力，多方沟通协调，并定期复盘，小叶也始终关注并给一些建议。最后项目结果跟最初的目标有些差距，但领导们并没有责备他。他则收获了很多经验。

2014年他担任干部专家夏令营的项目经理，和外部公司合作，二百多人重走"玄奘之路"，戈壁徒步四天108公里。他投入了很多精力，认真负责，提前一个月预热，每天复盘，做了充分的后勤保障，最后项目取得了圆满成功。小叶收到好几个经理的反馈，称"小黄这两年的成长非常明显"。

后来小叶离开了这家公司，听说小黄去另一个部门当了经理，同样做得特别好。

小红一个人负责公司文化，她非常敬业，虽然家里孩子还小，但每天都加班。总是积极主动地策划各种文化活动，写文章，出期刊。曾经有一段时间太劳累，她还得了甲亢。她很注重自身形象，总是穿着非常精致的连衣裙，画着淡妆，典型的职业女性形象。她的绩效总是部门里最高的。是经理最喜欢的不用扬鞭自奋蹄的员工。小叶自觉不擅长文化，也不打算不懂装懂，所以尊重小红的想法，从不干涉她，每次小红征求小叶的意见，小叶总说："没问题，我支持你！"

小叶鼓励小红给新员工讲文化课,小红说我讲课可不行,小叶就说:"人人都能当讲师!你讲的是你熟悉的内容,而且培训是改变人的认知的最好方式,你可以亲自宣传文化,塑造新员工对文化的认同。"小红还是很犹豫,但小叶的话在她的心里已经种下了种子。有一次部门会议,每人用15分钟总结工作,她做了精心准备,滔滔不绝地讲了40分钟。小叶趁机鼓励说:"看,你太有讲师的潜质了,一气呵成地讲了40分钟,你一定要讲课,否则可惜了。"小红半信半疑,把原来的文化讲师的授课录音转成文字,背了两周,又在家里给婆婆、先生、孩子试讲了三次。

部门内试讲,她得到了大家的鼓励,终于下了决心。她第一次讲课,小叶全程参加,并给了积极的反馈,学员的打分也很高,她也找到了讲课的成就感。

之后她多次表达对小叶的感谢,说"感谢你鼓励我走上讲台"。后来她先后跳槽到京东、百度,做得非常好。

小陆是个"90后"的高挑美女,比同龄人要成熟。因为在部门里资历较浅,她一直担任新员工培训班主任,负责一些带班会务等工作。最初小叶并没有太关注她。绩效面谈时,她说觉得被忽视,没有归属感。而且新员工培训带了几个班,没有新鲜感了。小叶立刻调换座位,让小陆坐在自己前面,更多关注她,加强了沟通。

公司上E-learning系统,小叶决定让她负责。她很开心有一个独立项目可以运作。

她策划的运营举措表现出"90后"的创意和活力,成为在线学习的代言人,有了众多粉丝。后来小叶离开公司,她也换了另一家公司,在新公司也做得有声有色,和一个优秀的男士结了婚,小叶还去参加了她的婚礼。

每个人因其经历和个性的差异,同样一件事,也会有不同的看法和做法。没有两个人是一样的。也没有人会按你的想法长成你想要的样子。但这并不表示这个人就有问题。实际上,每个人都具备改变所需要的一切资源。只是有时候他们忘记了,需要你帮忙提醒他们想起来。

小黄绩效差，经过努力获得了能力提升和良好口碑。小红被鼓励、激发，潜力就能发挥出来变成"斜杠青年"。小陆资历浅，恰恰不会有条条框框的限制，可以发挥创造性。

做一名个人成长教练，相信每个人都是自己生命的专家，相信每个人都有足够的资源实现自己的目标，就会看到更多的可能性。

五、一小步引发大改变

把大象放在冰箱里要分三步走：第一步打开冰箱门，第二步放进大象，第三步关门。

这是个笑话，但却非常好地说明了我们该如何做一件看起来很难的事情。

不知大家有没有这样的体会：

想要跑5公里，却迟迟不动；

想要读一本书，却连书都没有打开；

早晨想要去洗澡，一直拖到晚上才去；

一直想要找一份喜欢的工作，但依然待在这个习惯却厌恶的地方；

……

那是什么阻碍了我们行动呢？

不想动，看起来太难了，待在原地最好，做这件事情好麻烦……

一边想要做一件事情，一边头脑里又响起喋喋不休的声音阻碍着你，就像又想踩油门，又想踩刹车的样子。

小芳曾经就是如此，每天想要做很多事情，也有很多的人生梦想，但却停留在想象的世界，生活依然是那个样子，时间却在流逝。

但小芳最后却改变了，开始读书、跑步、练瑜伽、写作、讲课，这一切是如何转变的呢？

就是从一小步开始。比如，小芳想要跑步，这只是停留在想的阶段，也只是头脑里的思维，在这个过程中，头脑一直在转圈，就像到一个地方

教练式沟通
简单、高效、可复制的赋能方法

没有手机信号,一直在找手机信号,最后手机没电了,有信号也打不开手机。所以,想要做一件事情,如果不去行动,内在就一直耗能。而不行动最大的一个阻碍就是觉得这件事情太难了。所以,分解这个让你想要做却又不去做的任务,就要从一小步开始。我要跑步,就先穿上跑步衣,出门去,走两步,然后你就跑了3公里,甚至真的完成了5公里。

通过一小步行动,你的内在又发生了什么呢?一小步行动,因为非常容易完成,引发了你最初的动力,然后你就完成了你想要做的事情,当你完成了你想要做的事情,你的情绪是开心的,你感受到了小小的成就感,内在会对自己说"我是个说到做到的人"。所以形成了一个正向循环,行动、感受、想法形成一个正向的闭环,激励着你继续下一个行动。

教练过程非常注重愿景目标和内在体验,很多时候大家会想象出非常美好的未来,激励内在想要去行动,但教练到最后,也会有一个非常重要的问句,那就是"接下来你的一小步行动是什么?"这是个很关键的问题,因为如果前面一直在激发、描绘愿景,但被教练者最后没有行动,也没有承诺,就无法体会到内在的成就感,无法形成正向的闭环,前面的好多工作就白做了。

小芳认为自己是一个非常喜欢描绘愿景的人,喜欢被教练问:你想成为一个什么样的自己?为什么成为这样的自己对你那么重要?成为一个你想成为的自己,你能看到什么?听到什么?感受到什么?此时,她的内心会被激励,动力满满,恨不得立刻就成为那个想要成为的自己。但如果接下来自己没有行动,那就是光有愿景,却没有行动,是在做白日梦!

而小芳的朋友小叶却是一个非常喜欢行动的人,每天都很忙,日程表永远都是满满的,你和她谈一件事情,她表情严肃地看看手表,说自己只有10分钟的时间。你要问她:"你为什么安排得这么满?你想成为一个什么样的自己呢?"她会愣在那里,觉得你这也太假大空了吧,行动就行动,还说要成为什么样的自己!但其实这样的极端理解也是不合理的,因为假如你只在行动,而不去思考为什么而行动,就是在打发时间。

后来小芳和小叶成了工作和学习上的搭档,发现彼此完全相反,一个是总在梦想,却不行动,一个每天都在行动,却不知为什么行动。当她们像照镜子一样照到了彼此的盲区之后,发展自己的短板,小芳开始了行动,小叶则开始思考自己为什么行动。

有愿景,更要有行动,而行动,先从一小步开始,小行动带来大改变。小芳开始每年读至少50本书,还写读书笔记,而读书笔记也是从只写50字开始,这样一写居然就写了7年。

假如你今天想要开始一个自己一直想要开始的项目,从一小步行动开始,那会是什么呢?

最后,送上萨提亚的一首小诗:

我的目标

我想要爱你,而不控制你;

欣赏你,而非评断你;

与你一起,而不侵犯你;

邀请你,而非强求你;

离开你,无须多言歉疚;

批评你,而非责备你;

并且,帮助你,但不看轻你;

如果,我也能从你那里得到相同的,

那么,我们的相会就是真诚的,

并且,会丰盈彼此。

精彩回顾

1. 我们一直戴着有色眼镜在看世界,有色眼镜就是我们成长过程中形成的信念系统。
2. 当你戴着不同颜色的眼镜,你跟对方的沟通质量也会不同。
3. 作为教练,需要遵循教练五原则工作,包括:每个人是自己生命的专家、聚焦目标和进步、每个行为背后都有正面意图、每个人都拥

教练式沟通
简单、高效、可复制的赋能方法

有足够的资源、一小步引发大改变。

1. 找一个朋友，听他讲话的时候，先想象自己戴上深色太阳镜2分钟，然后想象自己摘掉深色太阳镜，换上浅色太阳镜，注意自己的内心感受，以及对方的表达有什么变化。

2. 与人沟通的时候，问问自己此刻戴着什么颜色的太阳镜，你想要选择哪副太阳镜。

第八章

突破你的思维限制

> 事物本身没有变化，唯一变化的，是我们的思维。
>
> ——亨利·戴维·梭罗

第一节　发现你的思维限制

一、别被你的思维绑架

一个人想把照片挂起来。他有钉子，但没有锤子。他知道邻居有锤子，所以想去借来一用。但他脑海里马上闪出一个疑问："要是邻居不借给我怎么办？昨天我问候他时，他连头都没点一下。也许他有急事，但也可能是他不喜欢我而假装忙着。他为什么不喜欢我呢？我对他一直很好。他很明显对我有误会。如果有人找我借工具，我当然借给他。那他为什么不想把锤子借给我呢？一个人怎能拒绝如此简单的要求呢？像他这样的人真可恶。他甚至可能还觉得因为他有一把锤子，我就事事都得求他。我要好好教训他一顿。"于是，我们的主人公就冲到邻居门前按响了门铃。邻居打开了门，但还没来得及开口说"早上好"，我们的主人公就喊道："留着你那该死的锤子吧，傻瓜！"

每次读这个故事，小芳都忍不住大笑，笑过之后会反思，发现故事中的主人公就是我们自己，我们经常被自己这样的思维绑架。

有一天早晨，小明开车送孩子去幼儿园，路过小区门口，车流排起长龙，前面还有人在吵架，下车问原因，原来是一位中年女子因为保安问了一句"你有这个小区的车证吗"就异常生气，对保安不依不饶，最后竟然把车横在了进出口的地方，下车关门走人了，这样进小区和出小区的车都被堵上了。其实就是件鸡毛蒜皮的事，因为她有车证，只是没放在前面而已，保安因为职责所在，这样简单地问一下，也没什么错，可就这样简单的问话，引起了这位女子的严重不满。仔细想想，这就是典型的被自己的思维绑架了。

来设想一下，当时在该女子的头脑里一定有很多对话，比如你凭什么问我有没有车证？你算老几？你怎么用这样的口气对我说话？等等。于是她在自己的思维里开始放自导自演的电影，最终导致的行动就是她把车横在门口，扬长而去，完全不顾其他进出小区的人的利益。

小芳最近也有一次被思维绑架的例子。

最近小芳和一个业内朋友深聊过几次，彼此发现有很多共同话题，如心理学、个人成长等，后来有一次小芳想继续和他探讨一些话题，在微信上联络对方后，对方没理她。小芳当时的思维就如同上文故事中的主人公，开始闪回疑问："他为什么不理我啊？他以为自己很牛啊？"还好小芳及时觉察到她又是在放自己的电影，她的思维被绑架了。其实事实根本不是这样的，到现在小芳还在和这位朋友继续沟通交流。

小芳觉察到自己特别在意类似的事情，很多次自己对这类事情的在意和敏感，背后的需求就是希望自己是上帝，对方随时响应自己的第一需求，但这可能吗？

当我们越来越多地被自己的思维绑架，后果就是在生活中我们越来越多地陷入恶性循环。

那么如何做呢？

最有效的方式就是能够把习惯性的评判思维暂时悬挂起来，让自己的注意力关注眼前的事实。《U型理论》这本书对此也提出了一些建议，当我们被思维绑架时，我们就有选择地只聆听自己识别出的内容，基于过去的观点和感觉解释听到的内容，并得出我们以前得出的结论。当人们把自己的注意力移向深处，观察我们观察到的，或者打开思维、打开心灵、打开意志，当人们真正意识到自己只是在想当然地假设，并开始聆听和观察以前并不明显的事物时，我们就能打开我们的思维，而这也是真正学习的开始。

二、超越那些恐惧的小妖

多年前，我（陈爱芬）在用友大学参与开发了一门课程叫《职业生涯规划》，课程的第一部分就是要描绘你三年以后的愿景画面，作为讲师，我需要一次又一次在课程上描绘我的愿景。每一次描绘愿景的时候，我都必须描绘出画面感。

当初我的愿景是三年以后出一本情商相关的书，在2014年时，我是这样描述的：

今年是2017年，我正在海边，海风轻轻地吹拂着我的脸庞，闻着带着淡淡咸味的空气，光脚踩在沙滩上，细腻的沙子按摩着我的脚心，看到海鸥在海边飞起又落下……

我刚刚结束《唤醒情商》这本书的签售沙龙，在沙龙上，有很多我的读者，他们在分享因读了我的书而收获的情商的成长，他们每个人离开沙龙的时候，都带着喜悦、快乐、平和的情绪……

其实，当时的我每次描绘愿景的时候，都会有一个小声音在头脑里跳出来说："不可能，你怎么可能出书呢？你就做梦吧！"

头脑里的这个小声音经常出现，后来我干脆给她起了个名字，小妖。小妖是一种恐惧的习惯，害怕改变，小妖希望你永远一成不变，她会告诉你这样最安全。

我一边听着头脑里小妖的嘀咕声，一边继续让自己投入地描绘我的愿景。

伴随着一次又一次地描绘我的愿景，我越来越清晰地知道自己想要什么，带着这份清晰的愿景，我开始计划我的行动。开始很认真地评估，如果要实现我的梦想，哪些要素对我来说是重要的，比如读书、开发课程、写公众号等，同时我又给自己定下了非常具体的读书计划：每年读50本书，而且一定要写读书笔记，我要开发一门情商精品课程，每个月我要写3篇原创文章。

这个过程中，小妖继续出来吓唬我："你就继续做梦吧，你还是现实点吧，这样你才会更快乐，不然，哼！等你实现不了的时候，你就知道你会多失望！"

我无法把小妖屏蔽，因为我无法控制我的头脑，但我可以做到和小妖和平共处，每次听小妖愤世嫉俗、苦口婆心的劝说，我都只是温柔地看着它，然后继续让自己保持在行动中。

就这样，伴随着小妖的唠叨，我写了三年的公众号，平均每个月3篇原创，我开发了唤醒情商课程，我每年保持至少读50本书，并写读书笔记。

2017年9月，我人生中的第一本书《唤醒情商：不失控的情绪管理能量书》和大家见面了。

好玩的是，在这本书刚刚出版，我去行动派上了一堂写作课，在课程之初，老师就让我们用现在进行时描述3年以后你的愿景是什么。

当我再次描绘我的愿景时，尽管我对小妖已经很熟悉了，但小妖依然还会出现，她依然在我耳边对我说："这不可能，你以为你梦想成真一次，就还能再成真吗？上一次是你运气好而已！"

我还是无法把小妖赶尽杀绝，但我已经能很从容地面对小妖了，我会微笑着看她奚落我，我甚至不再想把她消灭，因为她就是我的一部分，我甚至在享受她的奚落与各种瞧不上，就这样和她和平共处也不错。

在玛丽莲·阿特金森的《唤醒沉睡的天才》这本书中，也提到了小

第八章
突破你的思维限制

妖,她说小妖是一种恐惧的习惯,一种意识或潜意识层面的内在对话的特殊框架,一种似乎能自动运作的内在习惯或感觉。小妖的出现会阻碍你在计划的某个特定阶段采取行动。它还会用"否定"的方式在暗中搞破坏。小妖是在你头脑里自动运转的碎碎念,是你本来想要做一件事情时头脑里一刻不停的反对声。这些声音都不是真相,而是头脑里自动的、无用的唠叨,就像唐僧念经一般。这些碎碎念的背后就是害怕,害怕失败,害怕别人的评说。不能因为这些害怕,忘了自己真正想要做的事情,而被碎碎念牵着走。

尤其是当有一个梦想的时候,我们会遭遇强大的小妖,我在上职业规划课程时,发现很多人甚至都不敢直面自己的梦想,他们贬低自己实现梦想的可能性,用夸张或奚落的语言对待自己和身边的同学。

第二节 人是怎样改变的

一、贝克哈德变革公式

既然无法消灭小妖,那么,就需要和小妖共处一室,并超越小妖。如何做呢?

贝克哈德变革公式为我们提供了思路。

$DVFS > RC$

D(dissatisfaction)代表对当前状态的不满;

V(vision)代表对未来的憧憬;

FS(first step)代表迈向愿景的积极行动步骤;

RC(resistance to change),代表对当下改变的抗拒。

如果我们要实现积极的改变,首先要对现状不满,期待成为更好的自己;

如果我们要实现积极的改变,要通过一系列动作转变为更好的自己;

一是有一个愿景，期待成为理想中的自己；

二是愿意开始第一步的行动。

这三个要素都要大于当前对改变的恐惧，也就是大于小妖评判的影响。

关注什么，就将吸引什么；注意力投向哪里，就将看到更多注意到的东西。所以，我们首先要学会投放自己的注意力，将注意力投放在自己想要的愿景上。

就像玛丽莲·阿特金森说的："小妖的恐惧可以变成你的积极因素。就像在英雄之旅中一样，你可以利用内心的恶魔，利用它们的力量帮你获得你想要的东西。你还可以做更多——和小妖交朋友，让小妖变成你的警示，最终把小妖变成你生活中的智慧导师。"

二、直面小妖

小芳最近刻意将自己的工作安排得轻松一些，目前只有一个线上训练营在运营着。她希望自己有多余的时间能读书、写作。主要是写作，因为读书对小芳来说已经是不需要思考就必须要做的习惯。但写作则是小芳这个阶段必须要做，但却一直没有开始的。

小芳想自己看看这个模式背后的原因，为什么会这样呢？

需要写的内容有：

和一家机构要做的21天音频课程内容；

一家机构让重新写的个人介绍文章；

公众号也好久没有好的原创了；

教练的文章也有好几篇没完成；

……

那为什么不愿意写呢？当不愿意写的时候，自己头脑里都在想什么？

这个太难了！他们要求太高了！个人介绍的文章是别人要求我写的，

第八章
突破你的思维限制

我现在写不出来；教练的文章没时间写；对写情商方面的文章无从下笔……不想写就不写。我为什么要逼自己写？但不写的话，我想要实现的目标，写书、和合作机构合作，这些怎么办呢……

又是头脑里的小妖在作怪。人生有多苦，头脑就有多少把戏。每天的能量都耗费在了和自己头脑里的小妖的对话上，到最后头脑里的小妖战胜了我。

难道就无解了吗？想想过去的文章是怎么写出来的，还写了一本书呢！过去写文章都不是别人要求的，而是自己要写的，所以不存在意愿问题。但现在写情商方面的文章也没人要求啊！为什么不写呢？

因为觉得写得不好，还发表出来，太丢人了。

抓住你这个小妖了！害怕失败，害怕别人批评，因此索性什么都不做，这样绝不会犯错，但你想要的是什么呢？是不犯错吗？

总结一下，过去能写文章的原因就是想到了就写，根本不管好与坏，反正我的地盘我做主。还有一个原因就是过去的时间安排得没这么满，有空间思考，有空间流动，而现在把自己塞得太满了，或者头脑认为太满了。

所以，接下来，小芳需要做的是：

1. 写就对了！
2. 写了就发表。

写了就发表！对，从这一小步开始！

那小芳是如何降服小妖的呢？

1. 小妖是见光死，把小妖的碎碎念抓个现行，写出来；
2. 看见碎碎念背后的害怕，是害怕失败，害怕别人批评；
3. 然后问自己："我真正想要的是什么？"
4. 开始一小步，写篇文章，不管三七二十一发表了再说。

你有小妖吗？你是如何降服自己的小妖的呢？

三、看见行为背后的信念

小芳最近又遇见了一件烦心事。还是老原因：不能顺畅地说"不"。小芳最近在做一个咨询，和对方不是很匹配，就想转介绍或拒绝，但小芳委婉地拒绝了几次，都没有成功。然后这事儿就一直悬挂在小芳的脑海里，对小芳来说就是占据了自己的脑容量，让自己想到这件事情就很纠结。

小芳总是很幸运，每当有一个纠结，就会出现一个导师。郁闷的小芳有一天乘坐地铁，忽然听到有个熟悉的声音说"这么巧！你也坐这趟地铁！"，小芳抬头一看，居然是原来给自己做过几次咨询的小叶。小芳很喜欢小叶的咨询风格，干脆利落直入主题，怎么没想到找她问问呢？但巧合的是二人就这么相遇了。

两人坐定，小芳简单地说了自己的纠结，小叶从包里拿出一张皱皱巴巴的A4纸，又摸出一支笔，给小芳画了一张图。

小叶："你是想要拒绝，那我们来看看如果你拒绝对方的话，你的收益和代价分别是什么？"

小芳想了想说："那我就不用老惦记着这件事情，可以有时间考虑别的事情，这样就可以给和自己匹配的人做咨询。"

小叶："还有呢？"

小芳想不起来，陷入了沉思，还有什么收益呢？"也许是让我学会怎么拒绝别人？"

"那获得这个收益后，你会有哪些感受呢？"小叶接着问。

小芳："轻松、心安理得！"

"那如果你拒绝了对方，你会付出什么代价呢？"小叶继续追问。

"我会失去一点钱，还有说'不'对我来说总是很难。"

"付出这些代价你会有哪些感受呢？"小叶如同出牌一般再来一个问题。

第八章
突破你的思维限制

"我有点内疚，还有虚荣心未满足，因为对方是仰慕我而来，我却失败而收场。还有一些担心，担心拒绝对方会造成伤害。"

小叶："我们来分别给你的收益和代价引发的情绪打一个分数，从 1 分到 10 分，1 分是这个情绪最低的分数，10 分是最高的。"

小芳很容易地打出了分数，收益对应的是轻松 8 分，心安理得 9 分，合计 17 分。

代价对应的是内疚 4 分，虚荣心 2 分，担心 5 分，合计 11 分。

"17 分和 11 分，你有答案了吗？"小叶就像一个冷静的侦探般问小芳。

小芳满意地点了点头，脸上有了一丝笑容。

如果事情到这里就结束了，小芳也还算满意。但小叶不会轻易放过小芳。一定要达到完美，给你把病根都除了，因为以小叶对小芳的了解，拒绝这个心病，小芳似乎一直没根除。小叶接下来变得柔和了一些，问小芳："在过去，你有没有类似的经历，虽然你很难拒绝别人，但你还是适当地拒绝了。 如果有，你是如何做到的呢？"

这强有力的问题，让小芳立刻脸上放出光芒，瞬间想起三个关于自己成功拒绝别人的案例，具体案例不表，关于如何做到的，小芳总结到：

1. 一种是当时很难拒绝，但逼着自己说"不"。发现彼此的关系并没有变坏。
2. 另一种是纠结后还是很难地拒绝了别人，因为小芳深思熟虑后发现那不是自己想要的，不能委屈自己。但确实对彼此的关系造成了一些隔阂。

"我所有的不敢拒绝别人背后都有一个恐惧，那就是担心对方不开心，害怕他人的想法。 尤其是对那些认同我的人，我害怕失去他们的认同！"

这时候小叶的脸上闪过一丝狡黠的笑容，似乎在说："总算把你的病根挖出来啦！"

小叶继续追问："当你知道了你不敢拒绝别人的原因是害怕别人的想法，或者失去人们对你的认同时，你会怎么做呢？"

"对我来说最重要的是知道自己想要什么！什么对我是重要的？而不是别人说什么。"

小芳和小叶一起换乘，换乘后还有几站同路。小叶在下楼梯的时候不经意地问了小芳一句话："这和你关于爱的理解相违背吗？"因为小叶知道小芳的核心价值观有"爱"这个词。小芳心里咯噔了一下："是啊！我一直提倡学会爱、给予爱，我这样做岂不是很自私？"小芳甚至有点讨厌小叶抛出这样一个问题。

换乘第一站两人抢到了并排的两个座位。"你这么问我，我很难过。"小芳沮丧地回答。"对你来说，什么样的表现是爱的表现呢？"小叶不理会小芳的沮丧，继续像一个冷静的外科医生般问道。小芳愣在那里，半天不说话，小叶也不发问。两人就这么沉默着听着地铁的呼啸声和旁边的嘈杂声。最后，小芳转过脸认真地看着小叶说："谢谢你问我这个问题！我害怕别人说什么，希望得到别人的认可，担心拒绝别人造成伤害，这些都是盲目的爱，我以为爱就是顺从，爱就是不拒绝，爱就是听话。但这都是狭隘的、盲目的爱，而不是真正的爱。这样的爱对我不利，对对方更加不利。爱不是非黑即白，二元对立，爱是接纳，爱是允许，爱是更大范围的一个词，包含更多……"

小芳一口气说出这些话语后，长吁一口气，似乎呼出了一些负面的东西，整个人都轻松了，眼睛闪闪发亮，脸上又焕发出她惯有的神采，小叶赞许地看着小芳，两人都没有继续说话，直到她们彼此道别……

晚上，躺在床上重新回顾遇到小叶的整个过程，小叶就像上天派来的天使，给她传递如此重要的一则信息，小芳拿起手机，打开微信，给小叶发了三个字："谢谢你！"

四、面对改变，人的心理变化过程

假如有一天，你的体检结果是得了重大疾病……

假如有一天，你的爱人突然和你说我们离婚吧……

假如有一天，你失去了你所有的钱……

第八章
突破你的思维限制

假如有一天，你陷入了时间的轮回中，总是不断重复同一天的日子……

你知道你会经历什么样的情绪吗？而你又如何体验这些情绪呢？

在电影《忽然七日》中，莎曼珊在一个晚上发生意外，意外过后，莎曼珊发现自己不断回到这一天，而她的每一个不同的决定和选择，竟然都有深远的影响。

在一次又一次重复同样的一天，在同一个时间醒来，然后不管这一天做出什么样的选择，在这一天的同一个时间都会死亡。接着再次重复同一天。莎曼珊彻底崩溃，仿佛被锁进了时间的监狱。而她在这个过程中又经历过什么样的情绪感受呢？

第一天，莎曼珊的情绪是拒绝，她觉得是同学和她玩的一个恶作剧，甚至觉得这只是自己的一个梦。第二天再次经历同样的一天时，她意识到这不是一个梦，内心充满恐惧，可又不知道如何改变，在恐惧中起床，上课，经历同一拨人，面对同一件事情，在恐惧中度过同样的一天。第三天，莎曼珊充满愤怒，她讨厌妹妹的大嗓门，讨厌她随便乱动自己的东西，大声呵斥妹妹；看到同学的虚伪，直接撕破这样的虚伪。人人都远离她，不知道她为什么一下子变成这个样子了。第四天，她内心悲伤难过，似乎逃不脱这个怪圈，也无力改变这一切，自己是世界上最不幸的人。

第五天，莎蔓珊彻底接受了这样的安排，不再抗拒，不再和自己较真、斗争。第六天，莎曼珊终于明白，这是重生的机会，是让我重新去发现生命的价值和意义。我很庆幸自己有机会重拾人生的美好，去改变我曾经做错的事情。她开始关注到生活中的美好，感受阳光，看着阳光洒满树叶的时候，内心充满幸福与感动。她和妹妹拥抱、聊天，还问妹妹在学校有没有因为大嗓门而被歧视，建议妹妹改变，妹妹的回答充满真理：我改变了，那不就不再是我自己了吗？

离开家的时候，她拥抱妈妈和爸爸。见到自己的好朋友，从内心赞美她们美好的一面。她开始真正关注谁是自己最爱的人，而不是自己应该去爱的人。第七天，她脱离了时间的怪圈……

在这次重大事件中,莎曼珊的心理经历了一条变革曲线。

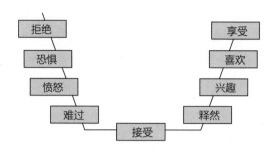

变革曲线也称库布勒·罗斯改变曲线(Kubler-Ross Change Curve),其原型是 20 世纪 60 年代心理学家伊丽莎白·库布勒·罗斯提出的悲伤阶段模型。这个模型本用于解释人们在面临死亡时的心理历程。

电影呈现的恰恰是这个过程,而我们很多时候面临重大改变时,也会经历以上情绪。

李开复先生 52 岁生日前,被查出患有淋巴癌。在他的自传《向死而生》中,讲到他的情绪就经历过以上几个阶段,他徘徊在"拒绝、愤怒、讨价还价、沮丧和接受"的情绪中。

当他最终走到"接受"时,李开复与自己展开了一场关于灵魂的对话,由此感悟人生、参透生命,不再用量化的思维计算每件事的"价值"和"意义"。在生病的一年中,他看到了人生平时无法看到和体会到的哲理,对生命的意义有了更多的认识,找回了许多过去因工作太忙而忽略了的生活乐趣,重温了朋友、亲人与社会共同关注的生命中的爱,也有缘重新拥抱了整个世界。

很多时候,面临重大改变,我们会自然而然地体验拒绝、恐惧、愤怒、难过,周而复始,就是无法走到"接受"的状态,于是一直处于和自己内耗的过程中。

而伊丽莎白·库布勒·罗斯的这张图可以帮助我们意识到,面临重大改变,我们每一个正常人都会经历这些情绪,当我们意识到我们和大家一样,才更容易走到"接受"的状态,只有接受了,才会慢慢减少和自己的内耗,从而有机会重新与自己和解,重新走向适应、兴趣、喜欢、享受。

而有时候，即使我们好不容易走到了"接受"的状态，甚至走向了喜欢，但还是会再次被卷入恐惧、愤怒中，这也很正常。只有当我们意识到我们在经历的情绪，愿意体验这些情绪，情绪才有机会得以流动。

现实生活不见得总是以大团圆收尾，但心理学家们发现，当我们能面对生活中的重大挫折，我们的复原力会提升，我们会更加关注生命中对自己最重要的事情，敢于尝试梦想中的事，从而生活得更有意义。

很多变化虽然是我们要被动接受的，但面对、接受的过程可以让我们学到很多东西。在既漫长又短暂的一生中，我们会经历各种变化，这是我们磨炼心智、获得成长的机会。尼采说过："凡杀不死我的，必使我更强大。"

第三节 案例：找到自己的信念

小鱼美丽优雅、聪慧知性。

但这样的小鱼最近却遇到了问题，用小鱼自己的话来说，就像小鱼儿找不到水了的感觉，自己被卡在一个快要没水的鱼缸里，出不去，待着又不舒服。

小鱼新换了一家单位，离家很远，入职前就对这件事很纠结。入职第一天就听说单位有一趟每天下午 5:20 的班车，如果自己每天能坐上这趟班车，离家远些也能接受，但单位是 5:30 下班，想想自己是领导千辛万苦挖过来的，这点小小要求领导应该是能满足的。

所以小鱼直接找领导提了自己的要求，问自己能不能坐单位 5:20 那趟班车，没想到被领导直接拒绝，说你所在的人力资源部都提前 10 分钟下班，别的部门怎么看。

小鱼在原来的单位一直是积极分子，因为自己的积极上进，所以很少被拒绝，但来到新单位，第一次提要求就遭到领导的拒绝，心里很不舒服。

小鱼和小芳絮叨自己的烦恼。

小芳一手涮着羊肉,一手画了个摄像机的样子,问小鱼:"想象一下,你上午找领导被拒绝的那一幕,被我偷偷地录了下来,现在我们回看摄像机里的录像,在这个回放的录像里,你看到了什么?听到了什么?感觉到了什么?"

小鱼回想着今天的画面。

她看到一个老练的职场经理人,心里说我费尽心思终于让你入职了,期望能物有所值,没想到这个新人刚来就提要求。

她看到一个没底气却故作镇静的新人,想做入职后的第一次谈判,结果就铩羽而归。

她听到领导一直在和自己谈今后的规划等,但自己已经分心了。

她感受到担忧和无奈。

"再问你一个问题,今天我们在摄像机里看到的这一幕,假如3年以后,咱俩又坐在一起回看,你会怎么想?"

小鱼陷入了沉思,眼睛望着前方,半天后说:"那时候的我肯定释然了,会意识到三年前的小鱼虽然也在职场打拼了很多年,但还是太单纯。那个时候的我,对领导的拒绝也多了一分理解,而且我会意识到,'困难终将过去,因为时间的年轮一直在累积'。"

小芳趁机又来一招:"现在想象你站在你们领导的视角看这件事,你怎么看?"

经过前面的两次视角转换,小鱼配合多了:"站在领导的视角,我感觉到她对我又爱又恨,爱是因为我是她需要的人才,恨是因为这孩子怎么刚来事就这么多!"

"经过这个过程,你发现和收获了什么?"

小鱼半天没说话。

"我知道我真正在意的是什么了。"小鱼突然打破沉默。

"是什么?"小芳追问。

"其实是因为领导的拒绝,我才这么难受,当领导拒绝了我的请求,

第八章
突破你的思维限制

相当于她不认可我,当她不认可我的时候,我就不是好员工。"小鱼像绕口令一般一口气说完。

小芳像复读机一般复读了一遍小鱼的话。然后问道:"如果用一句话总结的话,会是什么?"

"只有成为最被领导重视的,才是认可!"

"很像'只有你是最好的,才是对的'!这句话是从哪来的呢?"小芳像个发现了小偷踪迹的警察般追问。

"这句话从哪来……"小鱼慢慢念叨着这句话,又陷入了沉思。

"这句话从哪儿来?我知道了,它的原话是这样的:'要么不做,要做就做最好的!'这是我初中的时候爸爸经常对我说的。"

"但这和我今天被领导拒绝,和我离家远有什么关系呢?要是单位离家没那么远,我就没这些问题了,我也不用请你吃这顿饭啦!"小鱼气呼呼地说道。

"这要问你,我不知道,但我可以帮你理理。"小芳不管生气的小鱼,慢条斯理地答道。"当你被领导拒绝的时候,你认为领导不认可你,领导不认可你的时候,你就不是最好的,而你爸爸从小给你植入的信念是'要么不做,要做就做最好的!'所以,你觉得这有什么关系?"

小鱼眼睛有点湿润了,一字一句地说道:"我正是因为爸爸这句话,才成为了现在的自己,但我也正因为爸爸的这句话,一直以来都想活成爸爸期望的样子。但是,我发现其实做到最好太难了,我不断地求认同,不断地向外看,不断地在意别人怎么说。"

"所以,你应该感谢爸爸给你这个信念,感谢这个信念让你成为今天的自己。但你同时也要意识到这是爸爸的信念,不是你的,你可以把这个信念还给你爸爸,而给自己一个你自己的信念,从你内心来的信念。"小芳第一次变得很严肃地说道。

"我要做一个内心强大、坚强的女孩!"小鱼脱口而出,眼睛闪烁着光芒,让小芳意识到这是小鱼从内心发出的声音。

"所以,离家远这个问题还在纠缠你吗?"

小鱼和小芳一起笑了！

精彩回顾

1. 面临重大改变，我们会自然而然地体验拒绝、恐惧、愤怒、难过等情绪，我们需要让自己接受，并走向变革曲线的另一边。
2. 贝克哈德变革公式揭示了变革的要素，我们可以通过分析自己的情况来促进自我的改变。
3. 我们的无效行为背后可能有限制性的信念，这些信念可能来自他人，也可能曾经帮助过我们，但面临新的情境，我们需要反思、发现这些信念，塑造自己更有适应性的信念。

练习

1. 回忆你曾经经历的一个重大的变化，你是怎样走过变革曲线的？你做了什么促使你走到"接受"状态？经过这个变化后，你学到了什么？

2. 你现在想要有什么变化，应用贝克哈德变革公式分析，你对什么不满？想象你的愿景实现的时候，你看到什么、听到什么、感觉到什么？你打算行动的第一步是什么？有哪些小妖抗拒改变？

第九章

教练对话流程

教练就是带领自己和别人从一个点到另一个点的过程。

——丽莎·韦恩，《专业级教练》

第一节　教练对话的流程

当我关注今天有什么美好的事情，我就拥有美好的一天；当我关注今天有什么糟糕的事情，那我便拥有不好的一天。如果我关注问题，问题就会增加；如果我关注答案，答案便会增多。

——嗜酒者互诚协会

前几章我们介绍了教练需要在教练原则的基础上积极倾听、有力提问和赋能反馈。那么一场真正的教练对话是如何进行的呢？是不是有个套路，先做什么后做什么？

先讲个小故事：

在一个春天的早上，小叶像往常一样在马路上骑车，一辆卡车从她身后开过来，停在她前面几米的地方。车上下来两个人，看穿着是市政工人，只见一个人拿着铁锹，吭哧吭哧在路边挖了一个大约3尺深的洞。第二个人抽着烟，等洞挖好了，也拿着铁锹，吭哧吭哧把洞填上了。他们的动作十分熟练，一看就是老手。然后两个人上车，车往前开了5米又停住了，两个人下车，一个人挖洞，一个人填洞。然后是又一次重复。

小叶很好奇，认为这两个人一定在干什么高深莫测的事情。

在他们第四次下车的时候，小叶忍不住拉住填洞的那个人，问道："哥们儿，你们是干什么的？为什么费劲挖了一个洞，又把它填上？"这个人说："我们在种树。"

"种树？"小叶更奇怪了。树？哪里有树？难道我眼睛出了问题？

小叶问道："树在哪儿呢？"

"哦，平时我们都是三个人。老李负责挖洞，"那人边说边伸手指了一下正在努力挖洞的人，"老王负责把树放进去，我负责填土。今天老王病了没来。"

小叶："啊……"

这则冷笑话讽刺的是机械地照搬流程的行事风格。

那么种树需要不需要流程呢？当然需要，一个人挖洞，一个人负责把树放进洞里，一个人负责填土，每个人把自己的工作做得最好，这三个人的配合一定是效率最高的。但流程的关键就是你不能落下任何一个步骤，否则就会闹出笑话。

教练式对话同样是需要流程的，这个流程可以让对话更加高效，直指成果，促进改变。教练对话的流程有个大方向，有开始有结束，有大的步骤。流程有一定的先后顺序，就好像一定是先挖洞，再放树。而且有些重要的步骤是不能省略的，例如放树的环节。但教练式对话的流程是相对灵活的，也就是说不是机械地挖洞、放树、填土，有可能是挖洞、扩大洞、放树、调整洞、填土。尽管如此，一个结构化的教练流程仍然是非常必要的。尤其对于新手教练来说，即使不会变通，只是按着教练流程一步一步走，也都可以有成果。所以要相信流程。但每个步骤进行多久，以及是否需要重复，都要根据情况进行变通。

第九章
教练对话流程

不同流派的教练有不同的流程,你会发现它们背后有些共同点,而这些共同点就是那些不能省略的步骤。最经典的教练流程就是约翰·惠特默爵士的 GROW（Goal-Reality-Options-Will）。还有国内教练熟知的埃里克森国际教练学院的"教练之剑"：建立亲和、制定合约、创造体验、行动计划、价值。后现代心理咨询则有焦点解决教练的五步流程（赵然）：建立关系、达成和约、期待未来、进步方案、反馈评估；以及焦点解决教练的三步流程（许维素）：目标、例外、一小步。

本书作者借鉴了上述流程,提出了一个好记的 GREAT 流程,即聚焦成果（Goal）、厘清现状（Reality）、赋能激发（Energy）、促进行动（Action）、觉察反思（Think）。

第一步 聚焦成果

当被教练者带着议题来找教练的时候,他往往会从问题说起,遇到了什么问题,带给他什么影响,他担心的不好的结果是什么,他的限制是什么等。大量的内容可以归结为"我不想要的"。他可能也会说到"想要",但往往是一带而过,需要教练带着深度倾听的大耳朵去捕捉。

对教练的挑战是,既要听见、听懂被教练者关于问题的描述,适度同理,也要提出强有力的问题,帮助被教练者跳出问题,看向目标。所以教练需要保持核心稳定,不跟被教练者一起聚焦在问题上。

聚焦成果有三层含义：一是**教练对话的成果**,对于专业教练来说,就是教练的合约,对于平时的谈话来说,就是这次谈话会给被教练者带来的可衡量的结果。二是**期待未来**,就是如果教练对话对被教练者有帮助,会给被教练者的生活带来什么不同,也就是被教练者的愿景。三是要**实现愿景的阶段性目标**。阶段性目标需要符合 SMART 原则,即具体、可衡量、可实现、相关性、时限性。

而在一次教练对话中,教练关注的是本次教练的成果,并需要在对话结束的时候做成果的检核。

第二步　厘清现状

当知道被教练者未来想要什么，确定了具体的目标，就需要看看现状在哪里，距离目标有多远。看现状的目的不是为了找差距，而是帮助被教练者拓展对现实的知觉，并寻找能力、资源和优势。

被教练者看得更多的可能是问题，所以教练会引导被教练者看到事件的更多面向。还会从重要他人的视角看问题，从而跳出自己的思维框架。

教练会重点讨论被教练者的能力、优势和资源，他认为什么很重要（价值观），以及他自己是个什么样的人。被教练者的能力、优势和资源常常要从他自己过去的人生经验中去找寻，也就是**例外和例子**。例外是被教练者带来的问题没有发生，或问题发生了但不严重的时刻。例子则是过去成功的经验，或者发生过的接近于未来期待的经验。

要重点挖掘在例外和例子中，被教练者做了哪些有效的行为。这些行为又体现了被教练者的哪些优势，还有哪些可用资源，从不同视角又有什么发现。有效的行为就可以继续多做，无效的就要改变。

这些探讨会提醒被教练者，他随身有一个百宝箱，里面装着他的能力、资源和优势，只是他可能忘记了。当被教练者看到自己的能力、资源和优势，就会对自己有更多的信心。

第三步　赋能激发

有时候被教练者会出现这样一种情况，就是理性上他完全知道自己想要什么，也知道该怎么做，可就是觉得不想做，好像电池的电量不足。这时候需要带领被教练者进入更高的能量状态，才能引发行动的意愿。

常见的做法是展望愿景、真诚赞美、换框提问等方式。

愿景是被教练者心驰神往的未来，教练可以用一点催眠的技术，引导被教练者想象未来的某一天他的愿景实现时的情景，那时他的生活有什么不同，他看到了什么、听到了什么、感觉到什么？其他人怎么知道他的愿景实现了，他们看到了又会说些什么？而他人的反馈又会激励被教练者做什么？接下来又会发生什么？栩栩如生的愿景会让被教练者的能量、水平大大提升。

真诚赞美则需要教练把被教练者的资源、优势和能力回放给被教练者，让被教练者产生信心。

换框提问则通过时间换框、价值换框等方法，拓展被教练者的思维，让他看到更多的可能性。

第四步　促进行动

当前面的三步做得非常充分时，被教练者自然而然地会开始策划行动。所以教练就可以问"你打算怎么做"，引导被教练者制定行动计划。

教练需要确定行动的第一小步是什么，并获得被教练者的承诺。必要时会询问遇到障碍要如何应对，以及如何让自己稳定在成果上。

第五步　觉察反思

其实这个步骤是贯穿在整个教练对话中的。我们希望被教练者通过教练过程能够有所学习，并将所学应用在教练对话之外的实际生活中。所以教练会提一些觉察反思性质的问题，来引发被教练者的思考。例如：

"如果你以更大的视角看这件事，你发现了什么？"

"如果有个导师给你一些建议，会是什么？"

"回看这个过程，你从自己这里学到了什么？"

这些提问会拓展和深化教练成果，让被教练者的大脑学习到新的思维模式。

以上的五步流程，在实际运用的时候可以非常灵活。但大的方向仍是聚焦目标、聚焦未来、相信被教练者、秉承着教练原则去对话。

第二节　聚焦成果

> 如果你想要快乐，设定一个目标，这个目标要能指挥你的思想，释放你的能量，激发你的希望。
> ——安德鲁·卡耐基

一、成为时间的朋友，你需要目标

罗振宇的跨年演讲中提了一个问题：我想和时间做朋友，但是时间愿意和我做朋友吗？

你是否经常会陷入这样的尴尬中：

想要成长，但作为一个职场女性，又要上班还要照顾刚上小学的孩子，哪有时间来成长？

我想和时间做朋友，可是现实是每天我都很焦虑，无从下手；

我每天都很忙，但忙到年底，也不知道自己为什么这么忙？

不知道自己真正想要什么……

没有目标，也不知道如何制定目标。

小芳从2014年开始制定年度目标，到现在，不知不觉和时间成了朋友。每年至少读50本书，每本书都写读书笔记；每年至少看50部影片，写影评；每年参加很多培训，每一门课程都要内化和输出；最初是个人成长和学习，慢慢把锻炼身体、拓展财富也放到了目标中。

到2018年年底，5年下来的成果是：出版了1本书；跑步完成1199公里；每年制定的10大核心目标全部完成。

只要你足够强大、能跳出时间设置的陷阱，而且持续、长期地坚守目标，你就能成为时间的朋友。重要的是你如何在这段时间里明确自己的目标。

二、好目标的要素

很多人制定了目标，但年底总结，总是没完成。原因是他定了一个不靠谱的目标。好的目标有以下几个要素。

1. 积极正向

小叶以前总是对自己各种不满意。你看她找教练的话题："我不想这

第九章
教练对话流程

么焦虑""我不想总是上网购物""我晚上吃得太多，我得控制一下"……

她总是说"我不想要"。

有一次教练说："小叶，你发现没有，我问你'想要'什么，你总是告诉我，你'不想要'什么。""真的吗？"小叶如梦初醒。

教练说："我让你不要想老虎，不要想老虎，不要想老虎，一点一点都不要想老虎。你现在脑中想的是什么？"

"老虎！"小叶脱口而出。

大脑就是这么有趣，你说"不想要……"，大脑得先想到"不"后面的东西，才知道你不要的到底是什么，然后努力做到不要。你越来越多地注意到你不要的东西，是在变相地给自己定了个目标，可惜的是反向的目标。结果就是，你不想要的东西会变成事实。

不想要是"逃避"型的目标，要转向趋近型的积极正向的目标。所以，要问对方："你想要什么？"

或者这样问："如果你不焦虑了，你会有什么感觉？""如果你不上网购物了，你会做什么替代？"

2. 可控

一次教练时，小明说他的目标是：让儿子将做一张卷子的时间控制在30分钟以内。这是个不可控的目标。就算小明威逼利诱，甚至拿枪顶着儿子的脑袋，也不能保证儿子一定能做到。反而可能因为小明太严厉，让儿子在恐惧之下表现得更差。

一个人不能改变另一个人，除非对方愿意改变。

所以你的目标只能回到自身，也就是要看看为了支持对方改变，**你能做到什么**。而你做到之后，对方改变或不改变，或者改变到什么程度，是他的事情。

所以当被教练者给别人定了一个目标，需要问的是："你对这件事的可控程度有多少？""在可控的这部分里你可以做什么？"

3. 整体平衡

小叶定了一个年度目标清单，兴致勃勃地拿给她先生看。先生冷静地浏览了一遍，问："我在哪里？"

"哎呀！把你漏了！"小叶惊呼。她的目标涵盖了工作、学习、财富、健康、亲子关系等类别，就是忘了亲密关系。"哼，你心里根本没有我。"先生半开玩笑地说。

幸福人生是一个平衡轮，包括工作、学习、财富、健康、娱乐、友谊、家庭、社区、精神等你定义的很多重要方向。你可以在某一时段不兼顾所有，但终归你是要活得大体平衡的。即使你选择只要几个方面，也要预期到将要承受的后果，并为此做好准备。

所以，如果要减肥，但以健康为代价，就是得不偿失。如果你把太多时间花在事业上，而亲密关系出了问题，你就要承担这个后果。所以定目标需要考虑到整体平衡，否则顾此失彼的设置反倒会阻碍你实现目标。

4. 振奋

振奋的意思是目标达成时有足够的满足感。

目标需要跟你的使命、愿景相匹配，或者你有足够的热爱，或者你对目标有坚定的责任感，才更能让你在实现时有足够的满足感。这样的目标才让人有动力。

因为实现目标的过程中会遇到一些障碍，振奋的目标能激发你的情绪力量，帮助你继续前行。

要找到让自己振奋的目标，你需要在脑中**描绘成功时的画面**。

就是想象你已经成为了想成为的样子。你可以想象你面前的地上有一条时间线，时间线的刻度从现在到你目标实现的节点，站在目标实现的节点，那个时候的你已经成为了自己想成为的样子。

那个时候的你，在做什么？看到了什么画面？听到了什么声音？感受到了什么？人们会怎么说？当你成为这样的自己，还有谁也将获益？

举个例子，你想在 2020 年年底拥有自己的唤醒情商工作室。

想象现在已经是 2020 年 12 月，置身于那个成功画面。用现在进行时描述你想成为的样子：

我有一个唤醒情商工作室，每天早晨推开门，看见阳光透过落地窗洒在木地板上，屋里的咖啡壶嘟嘟地响着，香味充满在整间屋子里，我和大家围坐在一起，我们在分享这一年唤醒情商工作室带来的转变，我听到人们分享因为开始唤醒自己的情商，而开启了自己在工作、亲子、亲密关系等方面的幸福之路，感受到爱在这个屋里子流淌着。受我的影响，我的家人也因此更加幸福快乐。

这样描绘愿景的目的是让大脑提前体验成功的画面和感受。《七个习惯》的作者柯维说过，成功需要两步，一是在头脑里想象成功的样子，二是去实现它。

描绘愿景的要点就是要视觉化，视觉化的过程让大脑产生了"相信已经拥有了它"的感觉，你就会把自己带向"已经拥有了它"的境地。

描绘愿景会让我们动力十足，充满能量，有一种想要奔跑过去的冲动。但仅有梦想，没有落地就是空想。

这就需要我们制定符合 SMART 原则的目标。

5. 符合 SMART 原则

SMRAT 是五个单词的首字母，指目标需要具体、可衡量、可实现，具有相关性和时限性。

➢ Specific	具体	需要完成哪些具体任务或行动？
➢ Measurable	可衡量	如何知道自己实现了目标（数量、质量的结果）？
➢ Achievable	可实现	该目标是否具有挑战性，同时是现实的？
➢ Relevant	相关性	该目标是否与愿景目标匹配？
➢ Time-related	时限性	该目标需要何时完成？

"2020年年底拥有唤醒情商工作室"这个目标是符合SMART原则的。什么叫不具体？我要发财。什么叫不可衡量？2019年我要开心快乐。什么叫不可实现？我要当总统。什么叫相关性？就是要和你梦想目标相关。有时限，就是一定时间内。比如一年内，一个月内等都可以。

举个工作中的例子：

例如：

模糊的目标：提升研发能力，及时满足市场需求。

SMRAT目标：2020年平均新产品上市时间缩短到8个月。

生活中的例子：

模糊的目标：我想要工作和生活平衡。

SMRAT目标：我想要在今年和家人到海岛度假十天。

推荐一个目标描述的格式，可以兼顾过程和结果以及最终目的：

在……时间内，通过……方法，达成……结果，以……（实现最终目的）。

设定目标就是告诉你的大脑你想要什么，并调整你的行为以得到它。当你制定了一个目标，就需要使用视觉化的力量，将目标实现的场景栩栩如生地想象出来，让你的大脑对它看到的信以为真，并推动其发生。

目标就像是一个航标，你需要经常看到自己目标，这样在日常生活中就会把注意力放在跟实现目标相关的事情上。当然持续、积极的努力是必不可少的。这样有助于让生活朝着你希望的方向发展，实现你自己定义的成功和幸福人生。

当你有了大目标，一定要把大目标切分为一个个小目标。

大目标是一年内要实现的，如果切分成四个季度，就要确定每个季度需要完成的目标是什么，还可以将季度再切分成月份。

例如：有一个年度目标是每年至少读50本书，每个月大概就是4本左右。

在一个季度结束后再总结复盘。

这样做，目标更加清晰，而且也更容易完成，容易完成就会给自己小小成功的感觉，后续会更愿意付诸行动，形成正向循环。

当你实现了目标，别忘了奖励自己。

完成目标就给自己一个小奖励，可以是物质的也可以是精神的，重要的是你自己特别想要的。比如小芳完成了 2018 年的目标，就奖励自己去三亚上了个一万多元的课程。2019 年完成目标，小芳奖励给自己一个日默瓦的行李箱。如果你是很在意别人认可的人，还可以在朋友圈发布自己要实现的目标，这也是一种很不错的能量流动，通过你的行动去影响别人，而在这个过程中别人又给予你正向的反馈。

只要你足够强大，能跳出时间设置的陷阱，而且持续、长期地坚守目标，你就能成为时间的朋友。

第三节　厘清现状

一、从你的视角看到的并不是真正的现实

"你曾经成功地改变过别人吗？"

谈恋爱的女孩会很骄傲地回答，有，我就成功改变了我男友，原来他一周都不洗脚，现在天天洗脚。

而在婚姻中待了 5 年以上的都摇摇头说无法改变。

是的，很多年以后，我们发现我们真的无法改变别人，也许我们能做的只是先改变自我，从而影响别人。

小丽说，我是个完美主义者，对老公要求很高，比如做家务的时候要求他一定要达到什么样的目标，做饭和逛街都有要求……

"结果呢？"我问道。

"结果就是现在老公什么都不做，所有的家务都是我自己做。"

牛妈有一次很烦恼地和我讲，孩子在学校被同学欺负，自己愁死了，你说这孩子怎么就这么软弱呢，就不能还手吗？然后又聊起来一件别的事

情，我说我家孩子事儿特别多，我每天也很烦。这时候牛妈自信地说，我就没有这样的问题，因为我家牛牛特别乖，在家特别听我的话，而且从来不说谎。

曾经有个同事，彼此关系很好，有很多话题可以聊，后来，这个同事因为一件事情和领导闹矛盾，离职了，她和我们这些没有离职的都断了关系，因为她认为事情不是对的，就是错的，而你们没有站在我这边，就不是我的朋友，既然不是朋友，就是敌人。

前几天去见我的一个好友小美，见面后大吃一惊，她漂亮的下巴上裹了一大块纱布，肿得很高，我问她怎么了，她郁闷地说，本来只是下巴起了个痘痘，照镜子看它不顺眼，就天天挤，结果过敏了，去医院还做了个小手术。整张美丽的脸蛋，白嫩的皮肤，她看不到，只能看到这个痘痘。

爱因斯坦说过，我们不能用制造问题时的同一思维水平来解决问题。

而我们的思维有时候确实会像电脑系统一样中"病毒"，带着中了"病毒"的思维看问题，看到的自然是错误的景象。

小丽头脑里有完美主义的病毒，事事要求完美，对方如何做她都不满意，那反正你都不满意，我索性就不做了。

牛妈头脑里有乖孩子的模型，要孩子听话、懂事、从不说谎，于是，孩子就按照自己的模型被刻画出来了，而这个模型的另一面就是不会反抗。

同事头脑里有非此即彼的思维，不是朋友就是敌人。

小美则是典型的黑点注视，一张大白纸上只有一个小黑点，她无法看见所有的白，只能看见这个黑点，于是全力和黑点斗争到底，而忽略了其他。

怎么办？

最难的第一步就是要意识到是自己的思维导致了问题产生。很多时候，我们生活在自己的思维里，觉得合情合理、天经地义、顺理成章，突然说自己的思维是有问题的，打死我也不信。于是，我们就继续在问题里创造出更多的问题，又导致事情变得更加糟糕，糟糕的事情让我们疲惫不

第九章
教练对话流程

堪，负面情绪环绕周围，浓雾弥漫，直到身体出现问题。

怎么才能意识到呢？

用切换视角的方法。

当我们只在自己的思维里看问题的时候，就容易被卡住，陷入死循环。

假如站在对方的角度看这件事情的话，会是什么样呢？

小丽就会看到老公不做家务原来是因为做了总得不到认可，干脆不做。牛妈就会看到牛牛之所以这样是因为自己给他选择的机会太少了。同事就会意识到大家之所以做出这样的选择也是有原因的。

假如，有一个摄像机把我们身上发生的事情全都录下来，我们现在站在摄像机的位置，看整个事情的全貌，会是什么样呢？

我们都知道当我们看电视剧的时候，如果让你给剧中软弱的主人公出个主意，你会才华横溢般娓娓道来；哪天你朋友向你诉苦，让你出个主意，你也滔滔不绝信手拈来。为什么轮到自己的时候反倒卡壳了呢？就是因为身在其中，不能抽离，更不能从全局看问题。

假如 10 年以后再看这件事，你会如何看呢？ 你真正想要的又是什么呢？

在小芳的公众号里，有朋友留言说，你这样说不还是没解决这些问题吗？是的，每个人遇到的具体问题不一样，你要是给个答案，别人会有一千个理由说自己做不到。而当我们能自己学会换一种角度、抽离出来看问题，你自己就会找到答案，而自己找到的答案一定会是自己最有动力的。

最重要的是，当我们被问题卡住的时候，我们眼里看见的只有问题，而没有解决方案，实际上我们听到的只是某个观点，而不是事实；我们看到的只是某个视角，并不是真相。

所以，把每一次学习和成长的机会留给自己。坏的事情发生了，要问自己："从这件事情里我能学会什么呢？"好的事情发生了，要心怀感激，让这份美好的能量扩散出去。当你改变看事物的方式，你看的事物也会改变。

二、在例外/例子中寻找资源

小芳做自由职业者半年多,反倒比以前更忙,工作的压力不知不觉也影响了她在家里的状态。她的先生和孩子都有些抱怨,觉得她的脾气比以前更大了,跟家人相处的时间也太少。她意识到这并不是自己想要的状态,便找到教练,希望自己能更轻松一些。

小芳:"我总是给自己设定目标,想着目标我就没法轻松。"

教练:"你过去有什么时候会觉得轻松一点?"

小芳:"前几天去贵州讲课,刚好有点时间,我去了一个动物园,那天很轻松。"

教练:"那时你有什么不同?"

小芳:"那天我脑中完全没想工作,在爬山的时候忽然发现有个湖,湖上有几只天鹅,优雅地伸着脖子,悠然自得地游来游去。我看着它们,心里很轻松。然后我继续走,经过竹林,看到一只大熊猫,憨态可掬,我特别开心。"

教练邀请小芳想象回到那天,看见天鹅在湖面上的画面,再次感受轻松的感觉。

教练:"关于那种轻松,你有什么发现?"

小芳:"用抽离的视角去看,那天我的目标是上山看猴子,没想到路上看到了天鹅和熊猫。我完全在当下去欣赏,然后继续爬山,我也看到了猴子。"

教练:"这对你意味着什么?"

小芳:"我有一个想要的目标在前方,同时在通往目标的路上,我可以活在当下,轻松地享受每一刻。"

小芳的能量明显不同了。接下来,她"锚定"了这个画面,当她觉得自己有些紧张,便想想这个画面,她便可以迅速回到当下,进入轻松的状态。

第九章
教练对话流程

不管你面临多大的问题，过去一定有过问题尚未发生或并不严重的时候。不管你想要的未来画面多么理想化，过去也一定有过接近理想的情况。

"例外"指的就是问题应该发生，但却没有发生的时候，或问题并不严重，以及曾经被解决的时候。这暗示已经存在一些方法、资源、力量和优势，都是帮助你建构解决方案可用的。亲密关系中沟通出了问题，但过去一定有沟通比较好的时候；和女儿关系不好，过去也一定有过相对较好的时候；老师眼中的差生，一定也有表现没那么差的时候。关键是要相信凡事总有"例外"。

如何寻找例外？

例如一个妈妈说每次陪孩子写作业她都控制不住要发火，可以通过以下类似的提问去寻找例外：

何时孩子不想写作业而你没有发火？（问题尚未发生）

何时你发火的程度轻一些？（问题并不严重）

何时你发火的时间短一些？（问题发生时间比较短）

面对孩子不写作业，孩子父亲的态度如何？（从他人的视角观察）

何时你们的关系比较好？（问题以外的例外）

发现例外时，教练要及时赞美。接着使用"你是如何做到的？"这个强有力的应对问句，找到有效的行为。然后拓展正向的行为，例如"你可以再做一次。""你可以维持（一段时间）。""你认为用什么方法可以让你多次做到？""你会建议大家如何帮你？"与其教授新方法，不如探讨被教练者过去有效的做法。多做对的，就顾不上做错的。即使问题不能马上解决，至少不会变得更糟。

当你看似陷入问题、没有资源的时候，寻找过去的例外，会让被教练者找到资源，看到自己曾经有效的做法，就会自然而然地找到面对现在问题可以采取的行动，同时也会更有信心和动力。在我们的教练实践中，每次使用例外架构，都会有很好的效果。

利用例外可以产生小改变,而小改变可以带来滚雪球效应,最后必然产生朝向目标的结果。

第四节 赋能激发

目标和现状的差距会产生一种张力,推动我们向目标进发。但这种张力一开始只存在于意识层面的,还不足以产生行动。行动离不开能量(Energy),因此在教练流程中需要为被教练者赋能。

回顾百花齐放的过去有赋能效果,更加有效的是把过去的能力、资源和优势带到未来,所以教练式对话中要花足够的时间想象心驰神往的未来。

一、视觉化想象的力量

◎ 逼真的想象=现实

英国高低杠运动员蕾碧嘉·欧文的梦想是参加奥运会。她每天练习5个半小时,每周7天,练习了10年。最好的成绩是在2002年英联邦运动会上获得银牌。为了被选入奥运代表队,蕾碧嘉需要学习一种非常难的新动作:后翻倒立转身(先转一圈,做两次后翻,两次半转身,再抓住高杠)。

教练先为蕾碧嘉"灌输"这个动作,即拆解动作,托住她感受每一个动作的具体位置,让她的身体感知每个动作是什么样子。蕾碧嘉开始练习,前面的动作完成得都很好,但在最后需要抓住高杠时失败了。她一次次地练习,一次次地失败。

教练决定让她进行视觉化想象。蕾碧嘉不需要动,只是在头脑中练习整套动作。蕾碧嘉站直,集中注意力,她想象这套动作的每一个步骤。她"看见"自己旋转、后翻、放开高杠、扭转身体,接下来抓住高杠。她一次又一次地想象自己成功地做到了这些动作。当她真的去做时，就真的成功了。

视觉化想象会改变大脑网络。

大脑中有上千亿个彼此连接的神经元。学习就是在这些神经元中"开路"，让电信号在新的神经通路中传播。

在神经元的每一个连接处，都有一个绝缘的小缝隙，称之为突触。这个缝隙虽然微小，但电信号要通过并非易事。

电信号第一次从一个神经元传播到下一个神经元是最费力的。就像你爬山的时候遇到深谷，第一次通过是最难的，你需要搭个桥才能通过。一旦搭了这座桥，再次通过就会非常容易。

学习过程也是一样的。刚开始学习是困难的，等到电信号一而再，再而三地通过神经细胞之间的缝隙后，就打造出一条康庄大道了。我们不断学习过后，任务就会变得易如反掌。我们可以随心所欲，操作自如。

当然真正的学习，需要我们在神经元之间打通好几百万条新路径。

学习体操动作、跳舞等运动技能时，大脑皮层中负责运动的区域会特别活跃。科学家发现，当我们**想象**身体的动作时，大脑皮层中负责运动的区域同样特别活跃。

当蕾碧嘉在想象中练习这套动作时，她就在神经细胞间"开路"。

虽然她的身体全然不动，但因为执行这个动作的大脑路径已经安排好了，所以她等于已经学会了这个动作。

她练习的次数越多，就越来越习惯，她能凭借肌肉记忆自动完成这套动作，不需要去想。

同样道理，你甚至只要想象在健身房进行力量练习，而并没有实际做动作，都可以让你增长肌肉。爱荷华大学的研究表明，视觉化练习可以让脑部将电信号送往肌肉，使肌肉变得更强壮。科学家认为这样做甚至可以实现常规健身一半的效果。

▶ 在教练中运用视觉化想象

在电影《福尔摩斯》中，福尔摩斯每次遇到富有挑战性的场景，都会在头脑中栩栩如生地策划他先做什么后做什么。他会清晰地看见这个过程，实际操作时仿佛已经在做第二次了。

史蒂芬·柯维曾说过："任何事物都会经过两次创造，一次在头脑中，一次在现实中"。现在这种说法已经得到上述神经科学的研究证实。

在教练对话中，我们经常邀请被教练者想象他期待的未来或愿景/目标实现的情景，就是在帮助被教练者完成第一次创造。

小芳想要出本书，希望能够在咖啡馆开一个读书会。教练就邀请小芳想象在未来的某一天，她已经出了一本书，某个咖啡馆邀请她开读书会。在咖啡馆里，她坐在桌子后，桌子上叠放着两摞她的书，还有一束鲜花。金色的阳光透过落地窗洒在地板上。一旁咖啡壶"咕嘟咕嘟"地响着，屋子里弥漫着咖啡的香味。一些读者热切地看着她，有序地请她签名。她拿着最喜欢的钢笔，潇洒地签上名字。一个女孩激动地握着她的手，告诉她，这本书对自己的帮助特别大，非常感谢她。她的内心充满了喜悦。

小芳好几次想象着这个画面。两年后，她真的被某读书会邀请，**现场的场景几乎一模一样**。

俗话说：不怕做不到，就怕想不到。一旦我们在头脑中建立了神经通路，我们就完成了一个内在的学习过程。大脑就会给我们的身体发出指令，我们就会朝向这个未来去行动，最后真的将它实现。

视觉想象关键是要具体，要有身临其境之感。你要看到彩色的动态的画面，听到声音和对话，有身体的感觉和情绪的感受，有跟他人的互动，有不同视角的观察。所有这些愿景实现的迹象越具体、越细致、越清晰，目标就越有实现的可能。而在想象的过程中，被教练者会深深地被未来所鼓舞，他的能量水平会提升，对自己会更有信心，也更有自我掌控感，所以也更愿意承诺行动。

你可能会问，视觉想象的未来一定会实现吗？

很多人的画面真的实现了，至少，这会让你想要的未来有更大的实现概率。

二、催眠式的暗示

1. 我们一直被催眠和自我催眠

很多人对催眠的认识来自一些电影，觉得一个响指就能让你进入恍惚状态，唤醒一些压抑的记忆；或者你可能会想到舞台上神神叨叨的表演，人可以硬挺挺地躺在两把椅子中间，肚子上面可以踩一个人；或者人们或坐或躺，闭上眼睛，催眠治疗师给一些暗示，人们就会表现出平常不会表现的行为。

很多影视文学作品中关于催眠的描写都有夸张和失实的成分。实际上，即便在催眠状态中，人的潜意识也会像一个忠诚的卫士一样保护自己。催眠能够让治疗师与来访者的潜意识更好地沟通，但不能驱使来访者做他的潜意识所不认同的事情，所以不用担心会被控制，或者暴露自己的秘密。

人们早已会应用自我催眠暗示，如一些宗教仪式、印度的瑜伽术等都是以不同的方式实施的自我催眠。心理学上著名的"罗森塔尔效应"和"安慰剂效应"某种程度上也可以认为是催眠暗示的结果。

在广义上，人们从小到大不断地被催眠和自我催眠。比如，你小的时候画了一幅画，满心欢喜地给妈妈看，妈妈看一眼，说："这画的什么呀，哪有紫色的太阳，我看你没什么艺术天分。"从此你就不再画画。或者你在教室引吭高歌，老师说："某某某，你唱歌太难听了，以后不要唱了。"从此你再也不唱歌。这些评价都变成了我们对自我的看法，植入了我们的信念系统，被我们收到潜意识里，指导着我们的生活。这些信念有些能帮助我们，有些则会限制我们体验幸福。还有些心理创伤会带来一些巨大的情绪困扰，或形成悲伤恐怖的记忆，也会影响我们的生活。

《高绩效教练》一书的作者约翰·惠特默爵士曾说过："我可以控制意识到的东西，但意识不到的东西控制着我。"如果能够调用潜意识的资源，让潜意识和意识手拉手，我们就可以调节情绪、制定目标、策划行动、提升自信和自我掌控感，体验更加幸福的人生。

2. 教练中运用催眠

1841年英国医生布雷德尔出版了一本书——《神经催眠术》，在此书中他正式把心理暗示技术命名为"催眠"。在那以后的170多年里，催眠术最初多应用于心理治疗，最近几十年间，催眠开始涉及更多领域，比如医学麻醉、婚恋、教育、运动、职场、警务和演艺等领域。

催眠状态实质上是一种介于觉醒与睡眠之间，注意力高度集中的专注体验。在催眠状态下，人的潜意识活动水平积极而活跃。人的各种心理活动大部分在潜意识层面运作，在催眠状态，潜意识中的大量信息被重新组合、提取，并与意识发生连通，产生反应。

米尔顿·埃里克森（Milton H. Erickson）被誉为"现代医疗催眠之父"。他不强调童年经验，而是把焦点放在当下问题的处理上。他相信正面思考的力量，相信人的韧性和潜能。很多教练流派和后现代的心理咨询流派，或多或少都会学习埃里克森的人性观和催眠技术。

教练过程应用的催眠不同于传统的催眠，只是运用催眠式的语言，通过有力提问，运用隐喻，引发想象等方式，引发被催眠者觉察原有但未被觉知的潜能。

教练中运用催眠的作用和效果包括但不限于以下几个方面。

（1）激发积极体验

有时候人们会卡在过去的经历中，回忆过去，脑中出现的是消极甚至恐怖的画面；有时人们会卡在当下事件引发的消极情绪里，还有的时候，人们担心未来发生自己不想面对的事情。

被教练者"卡住"的时候，即使理性知道该做什么，也会觉得缺乏能量，无法展开行动。所以教练需要让被教练者产生积极情绪，提高能量水平。

教练也可以邀请被教练者在想象中创造一幅积极的画面，替代原有的消极画面，从而让被教练者将原本的消极情绪转换。这些情绪的转换可以引发被教练者本身的情绪愈合能力。当被教练者回到现实，再遇到类似的事件时，原有消极情绪的水平将会降低，或者被积极情绪代替。

教练还可以邀请被教练者想象导师或其他人给自己建议，从而获得不一样的视角，并调动自己的创造性，提出解决方案。

教练也可以邀请被教练者想象未来问题不再存在而理想实现的场景，当场景具体而栩栩如生时，被教练者会有一种代入感，好像真的经历了未来，获得了真实的体验，产生了积极情绪。

（2）创造未来画面

各教练流派也强调提问的方向在未来，所以会用"时间换框"技术："想象现在是10年以后，你已经过上了想要的生活，你会看到什么、听到什么、感受到什么？"

焦点解决的"奇迹问句"就是典型的催眠引导，让被教练者进入奇迹已经发生、问题不再存在的未来（详见第十章教练工具箱）。

过去已经无法改变，但未来有无限的可能。按照社会建构主义的观点，未来是建构出来的，在我们没有说出来的时候，未来并不存在，但当我们将未来栩栩如生地描述出来时，未来就存在了，并将引导我们的注意力资源在现实中将它创造出来。

（3）创造觉察

心理学家发现，人在感知外部世界的时候，自己的思维模式就像一个滤镜，我们看见的外部世界其实是主观世界。思维模式来自过去的个人经验、学习反思、文化等方面的影响，它可能在过去是有效的，但面对新的情境时可能会限制你。所以，如果把思维模式比喻成计算机操作系统，我们需要不断地升级。教练可以支持这个升级过程。

教练可以引导被教练者在想象中体验同一个事件从不同视角、不同时间和空间维度看会有什么不同。有时候甚至会开很大的脑洞，想象从外太空看同样的事情，或者把被教练者遇到的问题拟人化，让被教练者与问题对话。教练还会引导被教练者挖掘问题或事件发生的深层意义，发现自己的内在动力（价值观）、能力、优势和资源，并拓展思路，找到创造性的改善方法，取代旧有的行为，并愿意持续将新的习惯转化为正向的行为。

每次教练引导被教练者思考一个之前没有思考过的方向，就是在帮助被教练者在大脑中建立新的神经连接，拓展被教练者的知觉，让被教练者产生对自己、对他人、对世界的觉察。

3. 催眠引导的过程

有一些学者认为：催眠是一种人际互动，是一个人（被教练者）对另一个人（教练）给出的暗示做出反应，从而产生一些想象中的体验，涉及知觉、记忆的改变和活动的随意控制。

催眠有效果的基础是教练和被教练者之间的信任关系。在此基础上，教练可以采用非常灵活的方式进行催眠式引导，没有催眠治疗中的标准流程，只有大致的框架和原则。以下是大致流程：

（1）邀请进入放松、准备状态

催眠是慢慢进入的，首先教练会邀请被教练者进入放松状态。有些流派会明确指示："你可以舒服地坐在椅子上，双手放在大腿上，你也可以闭上眼睛，深呼吸3次，每一次呼气时感到肩膀更加放松。"

而有些流派则只是简单地说："你可以调整自己的姿势，让自己更加舒服。"

（2）邀请进入想象，并充分体验

教练采取一种邀请的姿态，慢慢地引导被教练者进入潜意识："你的想象力怎么样，接下来我邀请你想象一下/体验一下……当你想到的时候，你可以告诉我。""进入你的内心。""回到上次你感到流动的状态。"有些教练会用特别具体的描述性语言带被教练者进入场景，比如："现在是北京的春天，今天刮了很大的风，你想象你回到家之后，风继续刮，你能听到呼呼的风声，风刮了一夜……"

为了防止教练的引导语不符合被教练者的生活场景，教练还可以边描述边确认："今天谈话之后离开，你会直接回家吗？"

（被教练者答："是的"或"我不回家，我回酒店"。）

"你回到家/酒店之后，做你平时晚上要做的事情，你会看电视吗？还是做点什么？"

（被教练者答："我不看电视，我会上上网、看看书。"）

以下的问句是焦点解决的奇迹问句。

教练："你上了一会儿网，看了一会书，时间晚了，你有些疲倦，于是上床睡觉。在你睡觉的时候，一个奇迹发生了，而你因为在睡觉，并不知道发生了奇迹。当你明天早上醒来的时候，你怎么知道奇迹确实发生了？"

这些深入的探索，其实是创造了一个空间，让被教练者自己的意识跟潜意识深入对话。让二者相互理解，达成一致。

(3) 拓展提问、引发觉察

在每一次对话中，教练都要让被教练者引发觉察。这里也不例外。创造觉察的提问是一些高逻辑层次的（涉及价值观、身份、愿景），以及关于"Being"（存在状态）的提问，这些催眠式的提问在日常生活中使用会让人觉得很奇怪，但在教练过程中则让人觉得顺理成章。比如："我邀请你踏入这种平和，感受一下，平和的你对这件事有什么发现？""如果问你的心，它会告诉你什么？""用你的方式，如果你能浮起来看这个画面，你会注意到什么？""想象墙上的一只苍蝇看着这一切，它会看到什么？"

(4) 打破状态、回到现在

被教练者很可能在催眠的状态里呆得特别舒服，但那些毕竟是想象，我们终究要回到现实。只想象不行动，那就是白日梦，改变并不会发生。所以教练会邀请被教练者"在合适的时候，回到这间屋子"。

我之前参加李中莹老师的培训，他最喜欢问对方："你去过香港吗？"

不管去过还是没去过，被教练者一下子就回到了现实世界。也可以让被教练者伸个懒腰、揉揉脸，这些都是打破状态的做法。

(5) 未来测试、放大成果

打破状态之后,教练会跟被教练者讨论这个过程,从而加深被教练者的理解。之后可以让被教练者想象未来遇到类似的问题时,内心有什么感受和想法,检验催眠的效果。一般来说,被教练者都会降低消极情绪,变得平静,甚至产生积极情绪,对事情的看法也会不同。教练可以进一步邀请被教练者带着这种感觉,想象在生活中继续前行,自己又会变成什么样子。从而将对话中的成果加以放大。

催眠的过程虽然有教练的引导,但教练基本不做暗示,只是通过有力的提问,邀请被教练者去拓展他自己的成果空间,产生对自己有意义的觉察。

第五节　促进行动

一、从一小步开始的持续改变

当被教练者清晰了自己的目标,看到了未来的愿景画面,以及自身已经具备的能力、优势和资源,能量水平会逐渐提升,就可以进入行动了。有的被教练者甚至会摩拳擦掌,自己说出行动计划。

教练如果观察到被教练者已经可以进行到下一步,就可以发出邀请提问——"你打算怎么做?"——来促进行动。

促进行动有三个步骤:

1. 制订行动计划
2. 一小步行动承诺
3. 创造持续的改变

1. 制订行动计划

当教练提问:"接下来你打算怎么做?"

被教练者可能会说出一两个策略、方法或行动步骤。这时教练可以提问"还有呢？"让被教练者说出第三个。说出了第三个，就会有第四个、第五个。

教练相信凡事都有三个以上的解决方案。

此时还有一种可能，就是被教练者又有担心，会提出"我钱不够/没时间了/我能力不足/人手不够"等限制条件。这时教练可以使用"假如"问句大法，帮被教练者看到更多的可能性。

"假如钱不是问题/你有时间/你能找到人帮忙，你会怎么做？"

也可以结合时间线、他人视角来运用。

"假如3个月后你已经完成了这个项目，你达成了目标，回头看看，你做了什么促成这一切？"

"假如一个专家面临这种情况，他会给你什么建议？"

"10年以后，成为……（身份）的你会对自己说什么？"

当被教练者说出至少三个解决方案之后，说"就这些，没有了"，教练也可以轻轻拓展，再问一次："还有呢？"

行动计划优先选择被教练者已经用过的、有效的行动。有效多做，无效改变。

2. 一小步行动承诺

解决方案或行动计划有可能还是比较大，还不是当下马上可以施行的行动。教练需要让被教练者承诺一个"一小步"行动。一般的提问是"今天结束谈话后或下周一你马上可以做的一件事/一小步行动是什么？"

这个一小步行动要很具体，具体到何时、何地、做什么。被教练者说"我要跟老板沟通一下"不够具体，还可以进一步探讨："你打算什么时间谈？你会在哪里谈？你沟通目标是什么？为了达到你的沟通的目标，你需要谈什么？做些什么准备？你马上可以做的是什么？"

这个一小步要足够小，让被教练者觉得简单易行。比如一个人的目标是 8 分，现在是 3 分，你问他怎样从 3 分到 8 分，他会觉得太难了，做不到。所以我们可以先问如果要达到 3.5 分你会做些什么？

比如说健身，行动计划是每周跑步三次，一小步是今天先穿上运动服去小区里走走。如果对方的行动太宏大，需要让他细分为更小的以及最近就可以完成的行动。

教练也需要检验被教练者是不是确定会去做。根据被教练者的状态，**教练可以检验"承诺度"（行动的可能性）或"信心"**。

关于承诺度的提问是："如果你肯定会去做是 10 分，基本上不会行动是 0 分，你的承诺度是几分？"

通常 8 分以上更可能行动。

当被教练者说 5 分。就可以追问"你觉得几分足够让你采取行动？"

假设被教练者说"8 分"，教练就可以问："那么行动计划如何调整，会让承诺度提高 1 分？你需要什么资源和支持？"

这时被教练者可能会把行动计划进行一些调整，降低难度，或者发现自己需要争取身边人的支持，让自己可以做到。

梦想可以很宏大，但行为还是要脚踏实地。

"一小步会带来大改变"是教练原则之一。不管在教练式对话过程中产生什么觉察，如果被教练者不行动，就什么都不会发生。而真正的改变发生在教练式对话之外，所以一定要让被教练者做出行动的承诺。一小步虽看似微不足道，却会引发"滚雪球效应"。生活中一个方面的改变也会带来其他方面的改变。

3. 创造持续改变

改变并不容易，行动也不一定有立竿见影的效果。教练需要跟进被教练者的行动。在第二次对话时，我们可以提问"有什么变好了""发生了什么是你希望以后继续发生的"，也可以了解上次承诺的行动计划执行得如何。对于被教练者已经采取的行动，要加以赞美。也可以进一步挖掘是什么促成了他的行动,从而巩固成果。

假如没有做到,就要分析被教练者遇到了哪些障碍和难题。从障碍和难题中再次澄清被教练者的目标,找到被教练者的动力,并从应对障碍的过程中学习。

通常半小时的对话,在距离结束 10 分钟的时候要提出促进行动的问题。

二、刻意练习

很多人是从格拉德威尔的畅销书《异类:不一样的成功学》中听说"一万小时定律"的,这本书总结了世界公认的成功人士的成功法则,其中让人意外的是,许多公认的成功人士不只是勤奋,而且是非常勤奋,他们在自己的领域内刻意练习超过一万小时。如果每天训练 3 小时,一万小时大约需要 10 年的时间。每天 6 小时,则整个过程可以缩短一半。

实际上,这个规律是《刻意练习》的作者安德斯·艾利克森博士(K. Anders Ericsson)提出来的。艾利克森是美国佛罗里达州立大学心理学教授,他研究了一系列行业或领域中的专家级人物:国际象棋大师、顶尖小提琴家、运动明星、记忆高手、拼字冠军、杰出医生等,发现在获得杰出表现以前,他们大都已经训练超过了一万小时(不同领域的数字不同,为了方便,以下统称一万小时)。如果你的训练时间超过 8000 小时,可以挤入世界排名;超过 6000 小时,差不多也可以全国闻名。

美国游泳运动员"飞鱼"菲尔普斯在十几年的运动生涯中收获了 23 枚奥运金牌、3 枚银牌、2 枚铜牌,还不包括世锦赛的 26 金、6 银、1 铜,创造了前无古人的纪录。也许他有罕见的天赋,但不可忽视的是,从 11 岁开始,菲尔普斯每周训练 7 天,每天至少游 5 个小时,后来更是增加到 7 个到 8 个小时。其实所有的职业运动员都在训练上花费了大量时间。就连大家公认的音乐神童莫扎特,6 岁以前也在父亲的指导下进行了 3500 小时目的明确的练习,否则也不会有那么大的成就。

在刺激丰富的环境下长大的动物,大脑皮质平均比其他动物重 5%,

直接接受刺激训练的大脑部分比其他动物大9%，经过训练或刺激的神经元不但细胞大小增加，还增加了25%的分支数量。当然，一万小时定律不是说你花这么多时间重复地做一件事就可以了，你训练的方法必须是刻意练习。

艾利克森发现不论在什么行业或领域，提高技能与能力的最有效方法全都遵循一系列普遍原则，他将这种通用方法命名为"刻意练习"。对于在任何行业或领域中希望提升自己的每个人，刻意练习是黄金标准，是迄今为止发现的最强大的学习方法。

艾利克森还发现，很多杰出人物的背后都有一个优秀导师。导师不一定比你杰出，但是他们懂得能让你杰出的训练方式。他们也会根据你的特点，量身定做训练方案，帮你设置高目标，在你已经成功时激励你挑战更高的山峰。

艾利克森博士总结出刻意练习的五个鲜明特征。

(1) 刻意练习发展的技能，是已经有一整套行之有效的训练方法的技能；
(2) 要走出舒适区，而且要求不断尝试那些刚好超出当前能力范围的事物，因此需要付出最大限度的努力；
(3) 定义明确的特定目标，包括总体目标和相应的子目标和计划；
(4) 完全专注和有意识投入的状态；
(5) 练习包含反馈，以及为应对反馈而进行调整的努力。

我们要改变，也需要一个过程。在教练过程中，教练会引导被教练者制定大目标并切分成可落地的小目标；教练会激发被教练者产生觉察，走出舒适区，从一小步开始，引发滚雪球效应；教练也会提供重要的反馈。

剩下的就交给时间。教练相信每个人都是自己生命的专家，有自己的成长节奏，就好像一颗种子，假以时日必然会长成一棵大树。

第六节　觉察反思

一、你从中发现了什么

每一件事情发生后，我们都可以从中学习。

小芳早晨6点半起床，做早饭，洗脸，收拾东西，出门已经7点了，从起床就口渴，都没顾上喝杯水，喝水的时候发现杯子里是空的，婆婆把水都给了孩子，没有给自己留。这是一件小事，但小芳干着嗓子出门时心里想："婆婆不是亲妈，但孙子是亲孙子，所以，她不会给我留一杯温水喝。"

一边想一边心里还评判自己："事儿真多！"

到了单位遇到小叶，小芳一边喝水一边说："渴死我了，嗓子都冒烟了！"

"怎么搞的？"小叶随口问道。于是，小芳和小叶絮叨这件事。

小叶听完小芳的故事，沉默了半天，说："你让我想起我家娃口渴的时候，使劲喊妈妈，还必须立刻就把水送过去，晚了就哭哭啼啼！"

小叶说完这句话就继续埋头工作，却让小芳呆若木鸡，像被当头棒喝一般，小叶家孩子的状态不就是自己早晨的状态吗？像个没长大的孩子，口渴了就希望有人端水过来。如果是孩子自然没问题，但小芳已经是一个成人，而且面对的是婆婆，不是自己的亲妈。

小芳和婆婆在一起生活了很多年，彼此虽然没有过明显的冲突，但小芳经常却像个受害者一般暗自神伤，无非就是想要的关心没得到，有个期待总落空，像个找爱的孩子一般。小芳曾经评判过自己，也给自己讲过各种道理，比如婆婆不是自己的妈妈、婆婆的性格就是那样、自己的要求太多等。但这些道理对小芳来说有时候管用，有时候没用。

小芳一直在想，问题背后真正的根源是什么？

今天小叶的描述，就像一个神奇的隐喻，让小芳一下子意识到了自己真正的问题所在，就是当自己对婆婆有所期待，而这个期待不能被满足的时候，小芳就退缩到了孩童状态，退缩到孩童状态的自己没有能力、没有长大，期待别人来满足自己的需要，别人不能满足就哭泣、伤心。

其实每个人内心都有一个未长大的孩童，这个孩童渴求爱，希望被爱，当需求未被满足的时候，就会陷入受害者状态，或者像个孩子般哭泣（哭泣指的是状态，不是真的哭泣）。

那该怎么办呢？

小叶给小芳提供了一个方法，就是在下次觉察到自己陷入"孩童状态"时，可以把自己分成两个角色，一个是孩童时的自己，一个是现在成年时的自己，她们俩可以进行对话：

孩童的自己："我想被人关心，可没有人关心我！"

成年的自己："我看到了10岁的自己，你在10岁的时候需要得到关心，可是没得到关心，而且那个时候你也没有足够的能力关心自己。但现在我长大了，我可以给你关心，给你爱。"

当孩童的自己听到这些对话，需求就会被满足。甚至可以想象成年的自己过去抱着孩童的自己，给她爱和力量，感受到孩童的自己脸上露出了笑容。经由这个过程，首先能觉察到自己陷入"孩童状态"，其次通过对话让孩童的自己得到疗愈和成长，最后意识到自己的力量。

最后，小叶建议小芳可以经常与自己这么对话，不一定是需求来的时候才做，通过经常这样做，可以让自己不断成长。

是的，不断成长！

二、教练式对话中的觉察反思

美国心理学家埃利斯提出了著名的 ABC 理论，他认为并不是激发事件 A（activating event）引发了情绪和行为后果 C（consequence），而是个体对激发事件 A 的认知和评价所产生的不合理信念 B（belief）。因此面对同一情境（A），不同的人有不同的理念以及评价与解释（B1 和 B2），就会得到不同的

第九章 教练对话流程

结果（C1 和 C2）。因此，一切根源缘于信念。所以假如帮助人们改变信念，人就可以改变。认知疗法的主要代表人物阿伦·贝克（Aaron·T. Beck）则说："适应不良的行为与情绪，都源于适应不良的认知。"

被教练者在其过往的人生经历中，为了适应复杂的社会和人际关系，形成了一整套思维模式，这套思维模式中有一些恰恰是他面临的问题的来源。不改变这些思维模式，被教练者的改变就是表面上的，而且不能持久。因此在教练式对话中，一定要找机会动摇被教练者的信念，让其产生更加有效、有适应性的新信念，并通过改变信念，练习有效的应对方法，从而改变思维模式，提高对社会生活的适应性。觉察反思就能在教练式对话中发挥动摇甚至改变信念的作用。

在严格意义上，觉察反思并不是最后一个步骤，而是要贯穿在教练式对话的整个过程之中。**例如聚焦成果阶段：**

"如果你以更大的视角看这件事，你发现了什么？""当你做到这些，谁会因此受益？"（拓展被教练者看事情的空间维度）

"我注意到你说了三次清晰，对你来说清晰的重要性是什么？"（找到被教练者的价值观/动力）

"每一次我问你想要什么，你就告诉我不想要什么，你是不是经常这样表达？"（语言是思维的外在表现，让被教练者看到自己的自动化反应模式）

厘清现状阶段：

"10 年后再回头看当下的场景，你会有什么发现？"（帮助被教练者立足长远，评估当下）

"对于孩子不做作业，你的先生会怎么看？你怎么看待你们的差异？"（帮助被教练者跳出自己视角的局限）

"你说领导给你穿小鞋，你根据什么这样说？在什么时候他对你比较好一些？"（让被教练者看到更全面的事实）

"回看这个过程，你从自己这里学到了什么？"（让被教练者反思自我，总结自己会用的方法，从自己身上找资源）

促进行动阶段：

"如果有个导师给你一些建议，会是什么？"（被教练者可能有消极自我暗示，比如"我不行"，提问能让他跳出身份局限）

"今天的对话，你有什么收获？"（这是结束教练式对话时常常使用的一个评估性的问句，教练可以知道通过对话，被教练者得到了什么启发）

我们希望通过提问，让被教练者在以下方面产生一些反思：

1. 在面临一些事情时，自己自动化的思考是什么？这种思考是否有效？更有效的思考是什么？
   例如：
   事件：跟客户商务谈判时，客户要求降价。
   思考：客户总是提出不合理的要求。
2. 自己做事背后的假设是什么？
   例如：赔钱也要答应客户提出的价格。
   假设：如果我不答应客户的要求，我就会丢单。
3. 自己深层次的限制性信念是什么？这些信念如何影响了自己的人生？真实的世界是什么样子的？我怎样有更多可能性？
   按照认知行为疗法的归纳，深层次的限制性信念包括对自己的（我不可爱），对他人的（他们很坏），对世界的（世界充满危险）。

例如：深层次的信念——丢单我就失败了，说明我一无是处。

真实的世界：我可能会丢单，但总有新的机会。

更多的可能性：了解对方的需求，提出更有创造性的方案，满足双方的需求。

觉察反思的提问会拓展和深化教练成果，让被教练者的大脑学到新的思维方式，改变自己的限制性信念，并在教练对话之外的实际生活中按新的想法去实践。这样，被教练者的改变才能够更加持久和深入。

第七节　教练案例

一、梦想成真的秘密

小芳在梳理自己自我成长的故事，突然间就觉得像一个灰姑娘插上了翅膀。回头看曾经的梦想，真的在一个个实现。但实际上，当小芳每一次有梦想的时候，同时还有一个小妖怪说："这可能吗？可能吗？就你可以吗？"就带着这样的妖怪，小芳真的就将梦想一个一个都实现了。

小芳有一个梦想清单文件夹，里边放着每一年的梦想，甚至还有下一个月特别想要做的事的清单。今天再回顾的时候，她很惊讶地发现其中大多数实现了。有些当时认为不可能的，居然也都实现了，所以梦想清单确实能触动我们。激发内在的动力。小芳是怎么做到的呢？

接下来为大家分享梦想成真的 5 个秘密——实现梦想的灰姑娘在 "三个 7 年" 里是如何转变的？

当小芳介绍自己的时候，大家可以想象一条时间线，这条时间线有过去、有现在、有未来，所以按照过去的 7 年、现在的 7 年、未来的 7 年这样来介绍。

第一个 7 年，小芳在一家大公司做培训产品的销售人员。那个时候的自己怀揣着一种恐惧、担心、迷茫。每天上了班就盼望着下班，放假了又盼望着上班，总是活在别处，很少能享受当下。

但那个时候依然有梦想，小芳有一个小小的梦想，特别羡慕一种职业，就是培训师。

小芳就悄悄地对自己说："我要也能当一个培训师就好了。"但是这个梦想是有了，同时也有一个内在的妖怪在嘲笑她："你怎么可能当培训师，你有什么资源，你凭什么能当呢……"

但是这并不妨碍小芳有梦想,小芳带着这样的梦想,因为梦想的魅力压倒了妖怪的喋喋不休,她开始思考怎么才能实现自己的梦想。当我们有一个梦想的时候,当我们清晰地知道自己想要什么,而且有内在的向往和动力的时候,就会注意到幸运女神会给我们开门。于是小芳遇到了第1位幸运女神。

记得那个时候还流行新浪微博招聘,小芳在新浪微博上看到一则招聘信息,一家上市企业在招聘。当时它招聘的是旗下一家教育公司的销售总监,其实销售总监的职位并不那么吸引小芳,因为小芳不太想做销售工作了,想转型做培训师,但从来没做过培训的人要转去做培训师,是不是要来个曲线救国?这则招聘里有一条吸引了小芳:未来的销售总监将有机会授权该公司企业大学的版权课,还可以成为这门课的主讲老师。小芳决定试试看,她投了简历,参加了面试。于是成了这家公司的销售总监。

仅仅做了三个月的销售总监,梦想女神就又一次为小芳开了门,这家企业大学本来对外也销售企业培训课,后来集团做了一次战略转型,企业大学重新回归集团,不再对外,所以小芳真的就去了企业大学。

其实最初去这家企业大学的时候,一个在培训行业没有讲过课的新人能做什么?说实话,第一年小芳做的其实就是给大家招生、发通知、开课、打印教材、处理教务。但是她很乐意做这些事儿,因为发现在做这些事情的时候,能听老师们讲课,能有机会不断地学习。做了一段时间,机会又来了,小芳开始有一门自己的小课,给新员工讲,讲着讲着,又开始讲另外一门课。

在企业大学的7年就是小芳刚刚说的第2个7年,从企业大学到现在,这个过程中小芳的感受是什么?小芳处于一种燃烧着、愤怒着的状态,充满了勇气,充满了力量。

小芳的标签是一个讲师,是一个情商教练,同时也是个作者。

在企业大学过去的7年,为什么说会有愤怒的情绪呢?是因为那种燃烧的力量,让她觉得终于找到了自己特别想要做的事儿。

当初这家企业大学的校长经常说一句话:"在大学不跟你要钱就算好

了，你还拿着工资在进修，所以你要感恩。"别人可能觉得这是一个笑话，但小芳心里真的非常认同这句话。作为一个曾经每天背着业绩，背着任务的销售人员，转型到企业大学工作之后，她发现自己热爱自己的工作，真的是深深的一种热爱，愿意全身心投入。

那为什么愤怒？因为觉得原来浪费了好多时间，所以在企业大学的7年，小芳真的敢拍着胸脯说，没浪费一天的时间，每一天都在精进中，每一天都在成长中，和企业大学的同事们开发出精品课程、做轮训项目……每一年读50本书，每一本书都要写读书笔记，于是有了第2个梦想。因为身边的人太优秀了，比如她的领导，也就是企业大学的校长，小芳看着他一套又一套地出书，悄悄地对自己说："我要也能出一本书就好了。"

于是第2个梦想就冒出来了，但同时内心的妖怪又来了，说："你怎么可能出书，你凭什么出书？你拿什么写？"

小芳没理会妖怪，她说，我要写一本书，然后就开始行动，开了一个公众号，开始持续地把自己成长的这些真实的经历感受写下来，在这个过程中也考了国家二级心理咨询师，做心理咨询，还参加读书会活动，然后，幸运女神再次来敲门！

在心理咨询读书小组中，小芳遇到了晶晶老师，她是出版社的主编。

有一天，这位出版社的主编朋友对小芳说："你愿意跟我们签个合同，出版一本书吗？"

于是小芳成了一名作家，写一本书的梦想也真的实现了。幸运女神再一次为她打开了大门，因为小芳知道自己想要什么。

接下来进入小芳的未来，接下来的7年，小芳希望能活出平和喜悦的状态。希望自己的身份是一个生命的点亮者。首先是点亮自己内在的能量，点亮了之后，希望这种状态可以影响到身边的人，影响到来上课的学员，影响到读自己书的读者，就像一个生命的点亮者一样，点亮自己，也点亮别人。每个人本来就有内在的光，小芳只是轻轻地点亮他，这个生命体自己就开始绽放，开始唤醒，开始活出他想要的状态。

这就是小芳——插上翅膀的灰姑娘的故事。

李笑来曾经说过"7年就是一辈子",三个7年,小芳仿佛过了三辈子。

过去、现在、未来,小芳一直都有一个梦想,同时心中也住着一个小妖。但梦想的动力远远大于小妖的阻力,每当小妖开始唠叨,小芳甚至开玩笑地说:"不听不听,小狗念经。"

小芳现在依然有梦想,但是恐惧没那么多了,小妖的声音也低了很多,虽然它还在。接下来要讲5个秘密,也就是让这个灰姑娘插上翅膀的5个秘密。

▶ 第1个秘密就是梦想。

我想要什么? 我想要过什么样的生活? 我到底想要活出来什么样的状态?

小芳清晰地记得当初在做销售工作的时候,想转型为培训师,那个时候小芳跟两个同事经常午后在公司楼下的一个小花园里散步,小芳就跟她们两个讲:"我要离职了!"那时候小芳孩子还小,一岁多,单位离家又近,她们就很惊讶,说你这么稳定,为什么要离职?小芳就跟她们讲:"我要成为一个自由讲师,我希望未来能做一份自由的工作,那样的话我就有足够的时间陪伴孩子,还有时间做自己喜欢的事儿。"小芳在跟她们分享自己的梦想,甚至到现在小芳都非常清晰地记得那天三个人穿什么衣服,是什么样的状态,甚至每个人的表情如何。小芳也不知道能不能实现,但是小芳想要去过这样的一种生活,于是小芳真的就成为了一个培训师,接着又成为一个自由职业者。身边的很多人,包括过去的小芳,都不知道自己想要什么,只知道自己不想要什么。找到梦想,就是要找到让你怦然心动的东西,获得能量和动力。

小芳的梦想清单是视觉化的:当实现了梦想之后,那个时候自己是什么样子的?那时自己会看到什么?听到什么?感受到什么?

▶ 第2个秘密: 清理限制性信念, 升级思维意识。

很多时候我们头脑里有一些限制性的想法, 阻碍了我们通向梦想的那条路。比如说小芳在刚刚讲的故事里的小妖，小妖的喋喋不休，就是头脑里一些限制性的信念。这些想法其实是一些非常浪费我们的能量的念头。所以我们要把小妖的声音调低，让梦想的声音更大。当我们调低了头脑里这些小妖的声音，更清晰地描绘我们的梦想，我们就能放下可见的有限，拥抱无限的可能。

▶ 第3个秘密：聚焦能量。

要让自己清理掉底层一些旧有的负面情绪，去清理、去疗愈，转化为真正的爱自己、让自己开心的状态，保持在一个稳定的位置。当我们真的能做到完全地爱自己的时候，爱才会滋养别人，当你能爱自己、跟自己的关系非常顺畅的时候，你才能使跟别人的关系更加润滑。

▶ 第4个秘密：拥有润滑的关系。

当处在一种顺滑、滋润的关系中的时候，我们就能让各个方面都变得顺滑。经营亲密关系的过程，也是不断控制、放下、控制、允许、接纳的过程。

▶ 第五个秘密：让我们行动吧！

没有行动的梦想是做梦，没有梦想的行动是打发时间。

我们既要有梦想，因为那是我们的能量源泉，同时一定要行动。每次做任何一件事情，一定要从一个小小的行动开始，当我们完成了小小的行动以后，我们就有成就感、满足感、喜悦感。这个小小的成功背后的喜悦情绪会给你传递一个声音："太好了，再来一次！"一次次地体验小小的成功，一个又一个小小的成功，就成就了我们的梦想。

二、如何搞定负能量员工

小芳中午碰到好朋友小丽，她们曾经一起修过教练课程。小丽有自己的公司，最近遇到了一些问题，拉着小芳要聊聊天。公司经营了很多年，最近出现一些她无法容忍的现象，一些员工当面表现很好，但背地里却负能量满满,甚至搞小团体,导致整个部门都负能量满满。小芳充当了她的教练,完成了以下的对话。

小丽:我该怎么办?

教练:我也不知道,不过我倒是可以问你几个问题。首先,你想要什么?(成果)

小丽:我想要的就是公司的业绩增长,公司氛围好,大家能开心享受工作。

教练:那么,现在的情况是什么呢?(现状)

小丽:负能量的员工影响到整个部门。

教练:为什么员工当面表现好,背后说闲话让你如此在意呢?其实据我所知,很多员工都这样!

小丽:我希望他们能身心合一,而不是那么分裂。

教练:听起来你真的很在意这个。

小丽:是的,我想多站在他们的角度考虑,结果他们反倒不珍惜。

教练:这让我们想起我的一个朋友小婷,她和你一样,也有自己的公司,她性格特别温柔,与人为善,每天都提醒自己要有同理心,要关怀别人,但实际上,自己内心的力量还不够强大,就是她所谓的同理和关怀不是自然流淌出来的,是需要努力才能完成的,结果就把自己搞得很累。不当好人吧,学过的各种理论,都告诉她要做一个有同理心的人;当好人吧,又心有余而力不足。尤其是经营企业,有时候是需要快刀斩乱麻的。每天自己评判自己,把自己搞得很累,公司中一些欺软怕硬的员工开始不仅背后负能量满满了,连当着她的面都负能量满满。(反思)

小丽:后来呢?

教练:后来,她放下了纠结的同理和关怀,转身去为公司制定一套流程和制度,就没那么纠结了。现在她的公司运行越来越稳定,她整个人也都流露出来那种同理和爱的状态。

小丽：我明白了。小婷和我怎么那么像呢？我就是这样的，自从学了这些课程，就每天拿这些要求自己，去让自己做到，结果更加纠结和自我批判。

教练：亲爱的，那你接下来打算怎么办呢？（行动）

小佳：接下来，我要为公司制定一套流程和制度，大家一起执行这个制度，在这个制度下，我再应用我学到的一些知识。

很多时候，人们是被现状卡住了，人们一旦被卡住，会下意识地向外部找答案：这个员工怎么这么讨厌呢？你帮帮我，如何处理这样的员工？

事实上，还是要回到内部，先问自己想要什么？只有当知道自己想要的是什么，才有能量去支持后面的行动，当清晰地知道自己想要什么，才能回到现状，抽离出来观察自己的思维状态，一旦抽离出来意识到自己的思维被卡住，就能清晰地知道接下来要如何去做。

三、我想要的稳定在哪里

小芳已经有 10 年没见小丽了。小丽还在原来的单位做编辑。高跟鞋，棕色的中长发，眼角已有明显的皱纹，但看起来还是优雅美丽。

"10 年来从无知少女到中老年妇女，你知道吗？我还在原来的单位上班。"这是小丽和小芳见面的第一句话。

小丽曾经有很多机会，但害怕失去目前的稳定，所以，虽然坚持到现在，但工资待遇和那些敢于跳槽换工作的朋友相比，还是差了很多。

她说她有一个同事，期间跳槽去了别的单位，后来又跳回来了，结果工资比她翻了一番；过去一个能力还不如她的同事，自己出去做自媒体公众号，听说前段时间把公众号卖出去，居然卖了几十万元；而自己这几年的工资涨幅可以忽略不计，考虑到 CPI 的增长，可能还降了一些。

这么多年，自己就是一边羡慕着这些自由职业者，一边又留恋着这份"鸡肋"，活在纠结状态中。也许这就是你想要的：稳定、秩序、规律、体

教练式沟通
简单、高效、可复制的赋能方法

面。小丽一直以来都特别中意一份朝九晚五的工作,要有双休。

"你知道我为什么这么在意稳定、秩序、规律、体面吗?"小丽讲了她小时候的一个决定。

小时候,生活在农村的小丽有一个城里的亲戚,每到周末就会来她家,亲戚总是穿戴整齐,优雅干净地站在小丽家的柜子旁边,旁边的柜子上堆满了杂物。而那一刻的小丽,不是正忙着帮妈妈削土豆,就是忙着洗碗。

妈妈也总是羡慕地对小丽说:"你知道人家一周上五天半班,周末休息,但工资照样发!"小丽幼小的心里种下一个信念:"长大了,我也要成为上班族。"因为那代表着优雅、秩序、稳定。

"我要的是稳定、秩序、优雅,我认为只有像我家城里亲戚那样,有一个单位,每个月领着固定的薪水,周末休息,这就是稳定。实际上,像我现在做自媒体的同事,他们看起来不稳定,但他们的核心竞争力远远超过我,虽然他们经历过不稳定的动荡期,也没有人再给他们发工资,但在内在的稳定性上,他们已经甩了我好几条街。"

"假如人生可以再来一次,你已经活出了你的精彩、绽放,同时又兼顾你的稳定、优雅,那个时候的你,会是什么样子的呢?"小芳提了一个教练式的问题。

"我会写一本书,实现自己出书的愿望;我也可以做做自媒体;我还可以当一个写手,现在不是有很多自媒体都需要写手吗?我觉得自己作为一个资深编辑还可以开发一些在线微课,教教人们如何写作。"

挂了电话,小芳也陷入了沉思。

我们何尝不是这样,总不知道自己想要什么?比如小丽,认为只有固守着一份工作,才能得到自己想要的稳定。但实际上,想要实现稳定,可以有更多的可能性,一旦能意识到是什么限制了自己,如何行动就不再是问题。

四、致我们终将无法逃避的中年危机

1. 中年危机来临

刚过了 40 岁生日大易陷入了中年危机……

一切似乎从工作发生变动开始，单位给了他一个新的职位，全新的开始，和原来的工作完全不一样，对大易来说困难重重。

大易一份工作做了十几年，勤勤恳恳，所谓没有功劳也有苦劳，躺在原有的功劳簿上，本可以一直待到退休，结果市场风云突变，公司转型，他也必须转型，这就是现在流行的两个选择：要么忍，要么滚。

在原来的岗位上，大易熟门熟路的，他是公司老员工，大家也都给他一个面子，所以大易一直以来都过得稳定踏实。在安全的环境中，大易既没有成长的动力，也不需要学习成长，学习对他来说是件遥远的事。

换了新岗位的大易很少和领导汇报工作进度，处在低迷期的大易对下属除了指责就是吹毛求疵。面对新的客户，又不知道如何快速建立关系。

大易从大学毕业到现在，读过的书不超过 10 本，至于学习上课，除非是单位强制要求，但即使强制去了也是"人在心不在"的状态。他甚至对那些爱学习的人也冷嘲热讽。

大易曾以为所谓的中年危机只是个传说。

但危机却突然来临了，一夜间大易觉得身边的人都变得面目可憎：领导只看业绩，不管你如何辛苦，更别提新的业务困难重重；爱人发现干了一年一分钱奖金也没拿回来，你还提什么让我安慰你；孩子在私立学校上学，一年几万元的学费，还有昂贵的课外班；父母病了要来北京看病，在他们眼里，大易是他们村的骄傲，大易只能继续打肿脸充胖子；客户比鬼还精，原来那套早已经没用……

世界在改变，但大易的思维还停留在原来的维度上……

如果你就是大易，该如何面对？

2. 另一种中年

再来说说同样刚过 40 岁生日的老元。

老元专科毕业,毕业后先是做图书销售,后来又做保险销售,他在保险行业如今已经十几年了。

老元最初做保险的时候,没有任何社会关系的他,自己发明了一种除扫楼以外的"扫电话"的方法,按应该是有钱人的电话号码一个个打过去,比如尾数是 888、666 的,就这样从浩瀚的陌生拜访中开启了自己的第一单、第二单……

现在的老元当然不再用当初最傻的办法了,这十几年中,他不断学习充电,不放过任何一次学习的机会,升级自己的思维。其间他也面临无数的不确定性,遭遇过别人的不理解、不认可,但困难对老元来说是一次又一次让自己成长的机会,他分析自己失败的原因,总结自己成功的经验,向比自己优秀的人学习……

老元看似没有经历 40 岁的中年危机,但实际上,他是在提前经历、感知,当 40 岁来临的时候,他已变得更加睿智、从容。

3. 教练的介入

大易感到心灰意冷,10 年前没有开始学习,现在都 40 岁了,就更别指望了。

但有一句话是这样说的:"种一棵树最好的时机是十年前,其次是现在!"

大易可以选择继续低迷,活在受害者心态中,也可以选择从现在开始重新设定自己,经由这次痛苦的危机重启自己。大易做出了第二种选择。

大易找了一位个人成长教练帮助自己走出低迷,通过教练,大易意识到了自己的问题的根源,一是自己思维的局限性,第二是缺少和他人的连接与沟通,第三是行动力不够。

教练如何帮助大易看到自己思维的局限性?其中一个方法是逻辑层次法。

第九章
教练对话流程

大易是一个特别容易陷入细节而忘了整体的人,夸张一点就是只见树木不见森林,因此特别容易被事情卡住而没有动力和能量。所以每次当大易被卡在细节中的时候,教练就会问三个关键问题,帮助大易从具体细节中抽离出来:

1. 在这件事情中,假如事情达到了理想的状态,你将会看到什么?听到什么?感受到什么?
2. 当这件事情成功了,你觉得你是谁?你是一个什么样的人?
3. 为什么做成这件事,或者成为这样的人对你很重要呢?

通过这三个强有力的问题,大易从问题情境中抽离了出来,然后教练再问三个问题:

1. 你已经具备什么能力?要完成这件事,你还需要发展什么能力?
2. 在现有的环境里你有哪些资源可以挖掘?
3. 接下来你打算如何行动呢?

通过一次又一次地运用这个方法,现在大易基本上自己也可以熟练地从卡住的问题情境中抽离出来,给自己补充能量后再回到具体问题中解决和行动了。

关于缺少和人的连接沟通,大易需要突破的就是运用同理心。他原来是以自我为中心的,以为有些事情沟通没必要,比如和上级的汇报,他觉得我周报里写得很清楚,没必要再当面汇报;但当下属汇报不及时的时候,他却会生气指责,他说他没时间看周报。

这是一种有趣的反转。教练通过这件事情,问了大易几个问题。

◇ 当下属不和你汇报工作进度的时候,你的感觉是什么?
 烦躁、焦虑、不确定。

◇ 当你有这些感觉,你的外部表情是怎样的?
 我看起来没有任何表情。

◇ 当你有这样的感觉的时候,你当时的情绪需求是什么?

我需要确定感和安全感。

◇ 你期待下属用什么样的语言或者行动来满足你的这些情绪需求？
我期待下属每周向我口头汇报工作安排。

◇ 那当你不向你的领导汇报沟通的时候，你觉得你的领导感受如何？
大易笑了……

什么是同理心？同理心是识别他人的情绪，并对其做出适当响应的一种能力。它是理解他人、建立长久信任关系的基础。

关于如何提升行动力，大易设置了行动计划：

- 每周跑步三次；
- 每周读一本书；
- 每周听音频解读一本书；
- 每周至少和领导沟通一次，每周和下属在咖啡店谈心一次；
- 每周和家人外出就餐或者一起看电影；
- 继续为期3个月的教练辅导。

4. 永远的成长主题

几个月过去了，大易的工作开始有了一些突破，最重要的是大易开始看见自己过去的不足，突破了自己的舒适区，带着冒险精神，看到了更多可能，有了更多选择。

所以大易衷心感谢这次痛苦的中年危机。

其实每个人都在旋转楼梯上不断攀登，有时候在其中一层停留太久，忘记了前行，有时候走得太快，忽略了路上的风景。

大易意识到我们终将无法逃避中年危机，但大易更深的感受是危机背后可以有成长，而成长才是一辈子的事。我们必须学会接受不能改变的，而去改变自己可以改变的。

精彩回顾

1. 教练式对话的流程帮助你更高效地获得成果，推荐GREAT流程，即聚焦成果（Goal）、厘清现状（Reality）、赋能激发（Energy）、促进行动（Action）、觉察反思（Think）。

2. 聚焦成果（Goal）有三部分含义：谈话目标、期待未来、阶段性的目标。

3. 厘清现状（Reality）需要切换视角，看到自己的局限，并从过去寻找例外，找到自己的能力、资源、优势。

4. 赋能激发（Energy）通过重温过去成功的画面以及想象未来达成目标时的画面，让被教练者提升能量，从而激发行动。

5. 促进行动（Action），突破限制，找到创造性的行动方案，并检查承诺度。

6. 觉察反思（Think）帮助被教练者提高觉察能力，经由反思，能够在自己的人生经历中学习。

练习

以下是一个简单的GREAT流程的提问，当与对方展开对话的时候，尝试使用。

1. 你想要什么（正向描述，不是不想要，而是想要）？
2. 如果你得到/做到了（想要的东西），你会有什么不同？
3. 如果有一个奇迹发生，你面临的这个问题没有了，你是怎么知道的？你会看到什么，听到什么，感受到什么？
4. 你现在在哪里？
5. 你过去什么时候曾经遇到类似的事情，你是如何处理的？（例子）/过去什么时候问题没有发生或并不严重？（例外）
6. 假如现在是目标达成的时间，回头看整个过程，你采取了哪些有效的行动？还有呢？还有呢？
7. 假如你最好的朋友给你一个建议，是什么？
8. 回看今天沟通的过程，你有什么收获？

第十章

教练工具箱

> 但凡工作开展得很吃力，首先要检讨方法是不是有了问题。
> ——田俊国，《上接战略下接绩效：培训就该这样搞》

第一节　转换你的思维框架，发现不一样的世界

一、我们的大脑拥有"无限宝石"的能力

漫威世界中有6颗无限宝石。这6颗宝石拥有神奇的力量，可以分别控制空间、时间、灵魂、现实、力量和心灵。这6块宝石是人们想象出来的，人类缺少狼一般的尖牙利齿，老虎一般的力量，豹一样的速度，或者高空翱翔、深海潜行的能力，在自然界的生存能力有限，所以经常幻想自己拥有超能力。但人类最强大的能力是我们的大脑所具有的创造力，让我们能够制造出钢铁、飞机、火药、互联网这些改变世界的东西。实际上，人的大脑在某种程度上真的具备这6块宝石的神奇能力。我们的心智可以在上述的6个维度上漫游。虽然能力没有那么"无限"，但也是相当强大。

我们能在想象中穿梭过去和未来。你能栩栩如生地回想小学时被表

扬、被狗咬的场景，失恋、结婚、孩子第一次叫爸爸妈妈……我们也可以想象30年后，儿孙辈围绕身边，你怎样跟他们讲述自己的故事。而你的情绪和能量同样会随之改变。从这个角度来说，我们拥有时间宝石。

我们也能穿梭不同空间。比如请你想象你老家的院子，你似乎就可以真的回到那里，看到院子的陈设，感受到阳光洒到身体上的温暖，甚至能闻到邻居做饭的香气，心中感到喜悦、轻松。你就好像拥有空间宝石。

而我们看现实，其实是带着滤镜的，所以你看到的现实，只是主观塑造的现实，并非物理层面的现实。心理学家弗洛姆曾做过一个实验，他让学员通过一座黑暗房屋中的独木桥，学员依次通过。然后他打开一盏灯，大家看到桥下有个水池，里面有很多毒蛇，于是只有三个人敢再次尝试，甚至一个人是狼狈地爬过去的。当弗洛姆打开所有的灯，大家才看到，在水池上方有一张细细的铁丝网，人并不会掉到水池里。人看不见的，并不等于不存在，而你以为的危险，可能只是你想象出来的。我们都拥有可以改变现实的这颗现实宝石。

如果把现实宝石和时间宝石结合，有趣的现象就出现了。你以为你过去经历过的事情，可能并不是真的。美国华盛顿大学的伊丽莎白·洛夫特斯是研究记忆领域的前沿心理学家。她研究发现，当人们回忆一个事件的时候，会无意中重新构建事件，并不会像录音机或录像机一样讲述事实真相。比如对证人指认嫌疑犯照片的研究发现，向证人展示一系列面部照片时，他们指认真正罪犯的准确性随着照片数量的增加而下降，因为他们会把刚看到的嫌疑犯面部照片构建进他们原先的记忆里。

同样，未来可以被创造。小芳曾经在几年前想象自己在出书、开读书会，她看到自己在一个下午坐在一个温馨的有落地窗的咖啡厅里，闻到屋子里飘着咖啡的香气，有很多读者找她签名，听到读者诉说着感谢。这个场景如此栩栩如生，激励了她不断努力。3年后她果真经历了一模一样的场景。

少数人在体能上超过他人，还有人可以通过后天的锻炼获得施瓦辛格一般的健美身材，或者像杂技演员一般的柔韧性。人还可以在想象中失去某些能力以及拥有一些能力。有的人经受打击，忽然无法走路，却查不出任何器质性病变。著名的催眠大师埃里克森则靠想象战胜了小儿麻痹症，学会了走路。没有四肢的"海豹人"尼克·胡哲，能打高尔夫，能游泳，能开车，有自己的家庭，并成为励志演说家。人们拥有力量宝石，就看你有没有运用的诀窍。

催眠大概可以比拟为心灵宝石。被催眠后，人的身体可以变得极其坚硬，肚子上可以站一个人。你是否经常自我催眠"我不行""我不够感性""我是个内向的人""我是个丑小鸭"？或者你的自我催眠是"我是神龙大侠""我很棒""我爱学习"？你可以给自己下"自证预言"，于是你就会真的变成你以为的那样。

我们可以通过教练对话提高我们的大脑运用这6颗"无限宝石"的能力，**灵活运用不同无限宝石的过程，在教练对话中称为"换框"。**

什么是换框？先给你看个例子。

看看这幅画，你看到了什么？

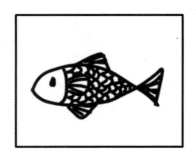

现在你又看到了什么？

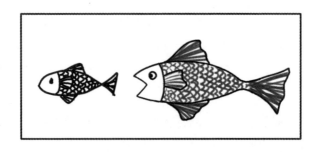

现在你又看到了什么？

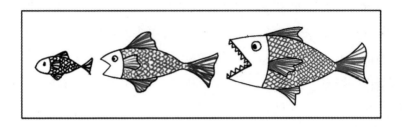

我们看到的世界，处在所谓的心理框架里。心理"框架"是指在互动中为思想和行为提供全面指导的关注点和方向。大家可以想象你看到的东西是一幅画，而这个框架就是画框，它限定了你看到的东西。

以上图为例，在小的框架中，你看到小鱼怡然自得地游着。在较大的框架中，你才忽然发现，有一条大鱼在觊觎着小鱼，小鱼危在旦夕。然而到更大的框架中，你会发现螳螂捕蝉黄雀在后，中间的大鱼也面临着危险。

不同的成长经历，形成了每个人不同的"框"。你有你的"框"，我有我的"框"。我们都习惯于在不同的"框"里看世界。不同的人有不同的心理框架，所以会看到不同维度的世界。如果我们的框太小，或者是扭曲的，这些"框"就会限制我们，让我们看不到真正的世界。

这个"框"，也就是我们的信念系统，包括信念（我们认为世界是什么样子的）、价值观（我们认为一件事中对我们重要的是什么）、行为规则（我可以怎样获得这些价值）。比如张三抱怨领导，因为领导当着客户的面批评他，他的信念是"领导批评下属应该顾及下属的面子"，他的价值观是"尊重"，而行为规则是"领导当着客户的面批评我就是不给我面子，就是不尊重我"。可见人们的很多烦恼都跟这个"框"有关。

世界是客观的，但我们如何看待它却是主观的。当你觉得自己遇到了很大的困难，你会产生焦虑、纠结或者恐惧等情绪，甚至无法冷静思考并做出理性决策。这时也许你需要自问：我看事物的框架是不是有问题，我是不是需要换一个"框"看世界。

"换框"就是设立新的心理框架，从而改变人们对情境的认知，你也许会看到新的信息，产生新的想法，或者对原有的情境产生新的解释。这些都可能改变原有的限制性信念。你会发现更多的可能性，情绪也会随之转变，你变得更加有信心、有动力、有勇气面对眼前的情境。

怎样"换框"呢？换框的方法有很多，以下介绍八种方法，简称换框八法。

二、在过去、现在和未来中穿行——时间转换

时间转换就是站在不同的时点看当下的事情。

想象你眼前有一条时间的长河，从过去到现在再去向未来。你可以任意地踏入过去、现在和未来，也可以跳到河流之外看整条河流。当你踏入时间河流，想象你曾经或即将经历的事情，你也会有情绪的体验。

现在我邀请你来到未来……

1. 当领导第6次否定了你的市场活动方案……
   假如现在是3个月以后，市场活动已经成功举办，那是因为你做了什么？

2. 当拜访客户，吃了闭门羹……
   假如现在是5年以后，你会对当年的自己说什么？

3. 陪孩写作业，抓狂大吼……

假如现在是10年以后，你会怎样回顾这件事？
4. 被公司裁员，失魂落魄……
　　假如现在是30年后，你跟孙辈讲自己的故事，你会怎样说这件事？

很多事情在当下看来困难重重甚至无解，当我们把关注点切换到未来，未来的美好画面就会激励我们，让我们看到更多的可能性，我们就会更加积极地面对现状，运用创造力找出解决方案。

再让我们回到过去……

1. 你曾经高考超水平发挥，你是怎么做到的？
2. 你的高中老师把最舍不得的珍藏版图书借给你看，是因为他看到了你的哪些潜质？
3. 你曾经签下过公司当年最大的订单，你是怎么做到的？

当我们被问题困住的时候，我们也往往忘记了自己拥有的资源。回忆过去的成功（或者问题尚未发生，或并不严重的时候），让我们发现原来我们自带"百宝箱"，有很多资源可以加以利用。这同样会提升我们的信心，让我们从情绪困扰中走出来。

俗话说"时间是治愈伤口最好的一剂良药"，所以面对卡在现状里的人，我们提出类似上述的教练式问题，带对方来到未来问题不存在的场景（或带对方回到过去找资源），就可以快速帮对方换一个框架看事情，从而突破思维的限制。

三、不积跬步，无以至千里——累加效应

"小叶，你一定要出一本书！"小叶的领导说。

领导笔耕不辍，10年间出版了6本书。

"出书？"小叶想都不敢想。

自己的文笔一般，也从来不写文章，出书就像做梦，感觉很遥远。

"从现在开始，你每天写2000字！"领导说得很轻松。

"啊，2000字？"小云被吓到了。

同事小芳已经出版了一本书。

小叶好奇地问小芳，她是怎么做到的？

小芳说："我其实也没想到自己能出书，我就是写了四年的公众号文章，每周一篇原创文章。"

"其实，你只要写就行了。"小芳补充说，"想象一下，你每天写500字，一年以后会写多少？两年以后又会写多少？"

"是啊，一年就18万字，两年36万字，已经够出版两本书啦。"小叶想起最近买的日本作家的书，都是短小精悍型的文章，每本书也就一二十万字。

小叶尝试了一下写作，500字很容易啊，只要写够500字，就会写得更多，有时一不小心就写到2000字。

出书不再是做梦，而是一个越来越接近的目标了。

"想象一下，你每天写500字，一年以后会写多少？两年以后又会写多少？"

这也是个"换框"式的提问，叫作"累加效应"。最适合把看似遥不可及的大目标切成每周、每天的小行动。

1. "如果你每周跑15公里，1年跑多少公里，10年呢？"
2. "如果你每天背10个单词，1年呢？3年呢？"
3. "如果你每天练琴1小时，1年以后会怎样？5年以后呢？"

不积跬步、无以至千里；不积小流，无以成江海。一个大目标往往会把人吓倒，以至于不敢开始。但当20万字的书，变成每天的500字，人们在心理上就不容易产生畏难情绪，同时不会急功近利。而小行动累加起来，不知不觉中就达成了你的目标。所以有着远大理想的你，先想想今天可以做些什么呢？

四、切换心理空间，你的感觉也随之改变——空间转换

1. 改变空间，就改变了感受

影片《奇异博士》中，古一法师能够让建筑物任意变形，还能画个圈让自己从尼泊尔加德满都的小屋里瞬间移动到喜马拉雅雪山。她具备了空间转换的能力。我们靠想象也能具备类似的能力。

空间可以是物理层面的，比如你住在上海，我住在北京，他生活在大气层以外的空间站，每天早上我们在不同的空间醒来。空间也可以是心理层面的，比如所谓的近在咫尺却恍如天涯。

情绪感受也会转化为空间感。比如你发现爱人欺骗你，你愤怒、失望，可能瞬间感觉跟他的距离变得很远。时间感受也能转化为空间感，比如我们在教练对话中，经常给被教练者足够的时间去思考，而这让被教练者感到被包容，有了更多的思维空间和自主性。

心理感受的不同，也体现在你的做事风格上。

你能观察到生活中每个人都有自己的"安全距离"，有些人需要保持更远的距离，有些人则需要更加接近。在生活中小芳非常热情，喜欢跟人连接，也有很多朋友，她跟人说话就会离得比较近，但她苦恼的是自己的界限不清晰。而小叶正相反，界限非常清晰，然而总是跟人有距离感，跟人说话必须要离得远一些，而且很少主动接近别人。

教练可以通过改变被教练者关于一件事的心理空间来改变其感受。这种方式称为空间转换。你可以在想象中瞬间移动人和事物，也可以把人和事物放大、缩小，甚至改变形状。

小丽跟前男友分手后，经常想到两人最后一次见面的场景，两人吵了一架，画面中的男友神情冷漠、怨恨，还威胁小丽，她既生气又厌恶，也有些担心。

教练邀请她闭上眼睛，深呼吸 3 次，感觉到随着每一次呼气，肩膀变得更加放松。接着想象最后一次见面的画面，想象面前有一个九宫格，请小丽注意画面在什么位置。小丽看到画面在九宫格右上方的位置。教练请小丽想象慢慢地把画面往左往下挪动。小丽觉得更舒服一些了。接着教练请小丽把画面变得更小，将颜色变成黑白的，同时越来越不清晰。

小丽想象这个画面变成手机屏幕一样大小，她将其甩在脚后，画面像个小石头"咕噜噜"滚到远处，几乎看不见了，再回想最后的见面场景，就是滚到远处的小石头。再回忆分手时的画面，她脑中出现的就是身后的小石头。她觉得心里轻松多了。

【解读】

小丽是右利手，所以左边代表她的过去，右边代表她的未来，上方代表对她来说非常重要，下方则相反。一开始画面在右上方，说明小丽对此事耿耿于怀，深受困扰。当画面身处小丽的左下方，小丽的感受变得舒服和轻松，这代表男友已经成为过去。当画面滚到更远的地方，小丽就可以放下过去，继续向前走自己的人生路。

【拓展应用】

（1）你要找领导沟通，但是感到有压力

想象自己做几次深呼吸，随着每次吸气，你的身体变大两倍、长高两倍，现在你的感觉是不是更舒服了？

同理，你要做某事，但眼前有个困难，想象这个困难像块大石头横在面前，你做几次深呼吸，随着每次吸气，你的身体变大两倍、长高两倍，石头似乎变小了，你的心理感受也变了。

（2）你觉得手头事情特别多，心中感到非常烦乱

闭上眼睛想象你眼前有几排文件柜，文件柜上按某种规则贴着标签，例如 A 类任务重要不紧急，B 类紧急重要，C 类紧急不重要；或者规划类、项目类；或自己做、授权做、不做等，想象把事情放入文件夹，整齐地放入文件柜。看着整齐有序的文件柜，内心的焦虑感就会减轻。

2. 建立总揽全局的视角

小叶的心病是和女儿的沟通,她经常催女儿写作业,催两遍女儿不动,第三遍她就会爆发。教练带小叶进入 5 个位置来感受。逐步抽离,最后到达总揽全局的视角。

第一位置:小叶自己

已经催了两遍,看到女儿仍然坐在桌前,一股怒火从胃部"蹭"地蹿到胸口,伸手指着女儿,大声说:"赶紧写作业去!"女儿抬起头,一副不解的目光。

第二位置:女儿

看到妈妈皱着眉,伸手指向自己,怒吼道:"赶紧写作业去!"自己吓了一跳,不明白妈妈为什么这么生气。

第三位置:摄像机

女儿在桌前看书,妈妈过来伸手指着女儿,语气严厉、声音很大地说:"赶紧写作业去!"女儿瞪大了眼睛抬起头。

第四位置:10 年后

女儿已经上了大学,小叶意识到相比女儿的健康快乐,当年的这件小事根本不算什么,没必要这么暴躁。

第五位置:在太空观看

这是个总揽全局的视角,从太空看,这个冲突实在微不足道,看到广袤的宇宙、巨大的空间,小叶的内心变得平静和包容。

空间转换单独使用效果非常好,如果结合其他换框法一起用,效果就更好。要让空间转换后的画面栩栩如生,充满细节,我们的潜意识就会带着愉悦的情绪设定目标,引导着我们寻找资源,接近目标。

五、你想要什么——成果换框

小叶约好了跟小丽 6 点见面。

结果 6 点半的时候小丽才冲进咖啡馆。

小丽一进门就抱怨道："我今天真是倒霉，去做个头发，感觉这个发型师不太靠谱，结果真的就把我的发型搞坏了。真气死我了！"

"怎么回事？"小叶问。

"我跟发型师说，你千万不要把我的头发做坏了，不要给我搞得太老气，不要让我再返工。我再三叮嘱，结果你看，给我搞了满头螺丝卷，就表面一层是直发，跟老太太一样，我还得重做！"

"哦，你这样说，发型师肯定会把头发做坏啊。"小叶同情又略带调侃地说。

"为什么？"小丽奇怪地问。

"因为你一直在告诉发型师你不要什么。试试看，我让你不要想老虎，不要想老虎，不要想老虎。你现在脑子里想的什么？"

"老虎！"小丽脱口而出，"这是为什么啊？"

"因为人的大脑会自动忽略这个'不'。所以你要告诉发型师你想要什么，而不是不想要什么。"

"哦，我明白了，我一直在引导发型师搞坏我的头发。"小丽苦笑道。

人倾向于关注问题和负面情绪。这个特性帮助人类应对复杂恶劣的自然环境，生存繁衍。同时"关注所向，能量所在"，如果我们的能量都集中在问题上，就会让问题变得更大。"你想要什么"是一个典型的成果导向的提问。当对方说我不想要什么，你首先要做成果换框，也就是从聚焦问题变成聚焦成果。

问题背后是目标，抱怨背后是期待。但问题像一堵墙，挡住了我们。所以当人们遇到问题，你问他如何行动，往往会得到"我不知道"的回答。当我们被困在问题中时，思维变得狭窄，看不到资源，也缺乏创造性。

而成果导向的问题会打破我们纠缠于问题的思考模式，让人们越过问题，关注目标和未来。美好的未来具有真正的吸引力，能激发我们的能量。当你清晰地知道自己想要什么，你的思维模式就已经开始转变，接下来探讨行动方案才成为可能。

六、他人会怎么看——视角转换

"我现在心里很乱。"接通电话,小丽的声音有点颤抖。

小叶很诧异,这不像她认识的小丽呀。小丽总是一副沉着冷静、理性淡定的模样。

"怎么回事?"小叶关切地问。

原来,今年小丽的部门有人员离职后一直没有补充人手,小丽把工作都承担下来,她付出了很多,也获得了业务部门的认可,她本来希望领导能看到她的辛苦,能给她更多的权限、更好的发展机会,结果领导说要把她的工作分出去,这样她的权限岂不是降低了?她觉得领导不认可她,担心自己的发展没指望了。

"我得跟领导谈谈。"小丽说。

"那你要怎么谈呢?"小叶问。

"我要告诉领导我去年干了哪些事情,我一个人干两个半人的活,辛苦干了一年,取得了一些成绩,本来希望能得到他的认可,但没想到他这样安排我,我很失望。"

听到小丽带着怨气说这些事,小叶问道:"想象一下你已经在领导办公室里了,坐在领导的座位上,看着小丽坐在对面并说了刚才那番话,你看到什么?"

小丽沉默了半晌,说:"我看到小丽像怨妇一样表达她的不满。我不希望我的下属是这样。"

"那你要怎么说呢?"小叶问。

"领导会希望下属是成熟的,积极的,会努力解决问题而不是抱怨。所以我要调整我的情绪,跟他说明我做了哪些工作、有什么成果、明年的计划是什么,并告诉领导我特别希望获得他的认可和更好的发展。"小丽的声音变得冷静自信。

小叶熟悉的那个小丽又回来了。

这里小叶运用了一个教练式的提问："假如从……的视角看这个情境，他会看到什么？"这是"**视角转换**"的换框法。当人们陷入情绪时，容易钻牛角尖，很难跳出自己的思维局限。我们通过让当事人从重要他人的视角看同样的问题，就可以帮助当事人切换思维框架，拓展认知，从不同的角度看问题。小丽的领导要减少小丽的职责，可能只是想要给小丽减轻压力，也说不定还要让她指导新人，给她发展自己领导力的机会。当小丽想象自己坐到领导的位子上，像领导一样思考，她就明白了领导想看到的小丽是什么样子。这也就是人们常说的"换位思考"。而让小丽转换视角看问题，看法就会更加全面和客观，她就能自己发现事情的关键，从而剔除情绪的干扰，找到解决方案。

七、当奇迹发生，你带来的问题消失了——奇迹问题

1. SFBT 最经典的奇迹问题

你相信奇迹吗？

所谓的奇迹，并不是不可能发生，而是说发生的概率实在太小。然而《黑天鹅》一书的作者塔勒布说，小概率事件也会发生。

在教练式对话中，经常会用到"奇迹问题"，能让你瞬间从当下的问题跳到"问题不存在"的未来。

奇迹问题来自焦点解决短期治疗，是由其创始人之一斯蒂夫·德·沙泽在 1984 年设计的，并且在屡次的应用中都取得了很好的效果。

奇迹问题的结构很简单："今天晚上，在你睡着的时候，发生了一个奇迹，你带来的这个问题解决了。你如何能够知道？会有什么不同？你如果不告诉你的丈夫（或其他人），他如何才会发现？"

但要让提问真正产生效果，需要一种很微妙的提问方式。

（1）在提问前加一些柔顺剂

"让我问你一个有点奇怪的、不同寻常的问题，需要有点想象力……"

被教练者带着问题前来，可能正身陷问题之中，而想象奇迹的发生实

在令人奇怪。所以，这样开场可以让被教练者做好心理准备。

（2）采用魔法师的语调

大家可以想象一个留着长长的白胡子的魔法师（比如《魔戒》里的甘道夫）在说话。他的语速是缓慢的，语调是低沉的，同时调整自己的呼吸，让声音更深沉和缓慢，在两句话之间略做停顿，等待被教练者点头。这种语调具有催眠性，会让被教练者不知不觉进入教练所描述的场景。

（3）和缓地铺垫

提出问句的时候，需要做铺垫，就好像是搭一座桥，让当事人慢慢地走过去。"想象一下，今天你回到家后，做你平时晚上要做的事情……时间很晚了，你有些疲倦，于是上床睡觉。"

（停顿）

说明：在说话的时候语速要慢，让当事人有机会在脑中回想自己晚上一般要做的事情。同时不要把当事人晚上可能做的事情说得太具体，太肯定，不要说"你看了一会电视"，有的当事人可能会说"我晚上不看电视"，这样当事人就会"出戏"。

"在夜里……当你熟睡的时候……一个奇迹发生了，那个一直困扰着你，并使你来这儿求助的问题……都一下消失了。"

（停顿）

说明：这是一个放松的邀请，不需要来访者做特别的努力，只是邀请他们好奇地探索在"桥的另一边"会有什么发现。

"但是因为奇迹出现时你正在睡梦中。所以你并不知道它已经发生了。"

（停顿）

"当第二天早上你醒来。你怎么样才能发现奇迹真的发生了，情况变得不同了？你醒来后注意到的一件事是什么？"

（此时教练要做的就是放松地坐在椅子上，耐心地等待来访者的回答。）

（4）具体化

"奇迹发生的早上，还会有什么不同？"

教练会追问，让当事人更具体地描述第二天早上看到的奇迹场景，让画面栩栩如生，有动态、有色彩、有声音、有味道，并引发当事人的感受。尤其要探索行为上的变化。

"你的朋友会如何注意到奇迹发生在你身上了？"

通过关系问句，提供了来自重要他人的外部视角，会更加丰富奇迹的画面。

2．奇迹问题的变形问题

（1）假如问题

在商业环境下，习惯于理性的被教练者可能不接受"奇迹"的说法。这时可以用"假如"问题去替代奇迹问题。关键是从心理上邀请客户跳过障碍。

"假如过了一段时间，你能够成功地实现你的目标，那时候你会做什么不同的事？"

"假设你的老板不知怎么改变了，突然以你希望的那种方式对待你，你会有什么不同的反应？"

"假如你有了足够的资源，你会做些什么与现在不同的事/你会对此做出何种不同的反应？"

（2）借助神奇的道具

有时候，根据被教练者的差异，也可以将"奇迹问题"转化为"神奇问题"。"假如这杯水里面有一种神奇的药水，你喝下它，你今天带来的问题不见了……"

"假如你有魔法棒/阿拉丁神灯/神奇的按钮，当你挥舞魔法棒，这个问题消失了……"

3. 可能遇到的反应

（1）对方进入奇迹

你会看到被教练者安静下来，呼吸变得深沉而缓慢。同时，他们的眼睛似乎张大了一点，但目光失去了焦点。在酝酿这些问题的答案时，他们往往会继续盯着空地、地板或前方，有时甚至会闭上双眼。

教练需要耐心地等待，并在合适的时候推波助澜，让被教练者把奇迹发生的场景描述得更加具体。随着奇迹画面的不断清晰，可以观察到被教练者的能量水平慢慢提升。

（2）对方说想象不出来奇迹

你可以加几句话"当然我们不知道这个是否会发生，或者怎样让它发生，所以我们只是假设……""试试看，我们就是假设一下……"

教练和被教练者的朝向一般呈45度角，所以教练可以抬头，看向右上方（如果被教练者是右利手，右上方代表他/她的未来），仿佛和被教练者一起看向奇迹画面。这个动作也具有暗示性，好像画面已经在那里。

（3）对方回答的场景太过于宏大或违反已经存在的现实

比如被教练者说"我变成了富二代……""我继承了10个亿……"

这时教练要问的是"你变成富二代，对你来说意味着什么？你会做什么不同的事？做了这件事又给你带来什么？""10个亿如何能帮助你解决这一问题？"

重点是挖掘奇迹的意义和奇迹的行为，将理想的未来具体化。

4. 奇迹问题的目的

奇迹问题并不会引发教练和被教练者讨论奇迹是如何发生的，或者在走向成功的道路上被教练者所需处理的资源或挑战。奇迹问题的目的是确定目标，从而让教练和被教练者将注意力从被卡住的当下情境转向不再存在问题的未来。

奇迹问题的关键是为被教练者搭建一座桥梁，让被教练者开始思考自己真正想要的是什么，以及与现在的经验相比，自己更希望自己、他人和世界发生何种变化。

奇迹问题帮助被教练者看清自己的目标，目标是起点而不是终点，要借由讨论进而发展出策略，确定当下可以实施的一小步，从而推动被教练者的改变。

八、你要的是事情背后的价值——价值转换

> 世界上本来不存在好与坏，是人的思维区分了它们。
> ——威廉·莎士比亚

1. 无价值，无动力

最近小丽的先生每天回到家就长吁短叹："唉，每天干没有价值的事，真不想干了！"

小丽问："不上班了，你打算干什么啊？"

"读书、喝茶、弹琴。"

"那你就去做呗。"

"不行，我还得养活自己，现在钱没挣够。"

看来现在这份工作里还有他想要的东西。

有些事情，我们之所以不喜欢做，是觉得没有价值。那什么是价值呢？价值就是这件事情的意义和我们能够从中得到的好处。价值是推动一个人做一件事或不做一件事的理由。

打个比方说，我（程云鹏）经常在周末去讲课或是去听课，因为我的核心价值观里有**智慧**和**成就**。讲课是吸收知识最好的方式，所以我要去实践学到的东西，再变成我的课程，我才能真正增长智慧，而帮助别人提升自己又让我感到很有成就感。至于听课也是增加智慧的一种方式，所以我不但不觉得累，还很开心。

价值是我们做事的内在动力。一件事情能给自己带来什么价值，不同

的人有不同的理解。这背后是个人的价值观在支撑。至于要做哪件事得到我们想要的价值，不同的人也会有不同的看法。

在教练式对话的换框法中有一个价值转换，就是帮助人们找到做事的价值，并找到合理的路径。

价值转换有三种方式：创造价值、增大价值、转移价值。

2. 创造价值

创造价值相当于让价值从无到有，是从一件事情里挖掘出原以为不存在的价值，将这件事的价值和人们本来拥有的价值观关联起来。

比如很多人觉得自己不得不加班，因为加班是老板的要求。这样私下里会有很多抱怨，加班时效率也很低。如果我们把"不得不"变成"我选择"，创造出加班的价值，我们不就可以开心地加班啦？

当在课堂中问学员："加班有什么好处？"大家对这个问题给出了这些答案：

1. 不用在家看孩子
2. 不用干家务
3. 干完活，就不焦虑了，心里舒服
4. 老板认为我工作态度好
5. 可以避开晚高峰

所以加班意味着舒服、自由、老板欣赏。

原来加班对老板有价值，对我没价值，现在加班对我也有价值。假如必须要加班，找到价值就能够"身心一致"，**凡事值得做就值得做得好，值得做得好就值得做得开心**，这是李中莹老师的金句。

3. 增大价值

当进一步提问，如果把加班的价值放大，除了上述的价值，还会有什么？

大家回答：

1. 加班完成工作，我更有成就感
2. 老板赏识我，我有更多的发展机会
3. 我可以利用加班时间学习，提升能力
4. 加班时可以做点自己想做的事情

加班不仅意味着舒服、自由和老板赏识，还意味着发展机会、提升能力和自主性。

于是我们就增大了加班的价值。

4．转移价值

转移价值的意思是从我们想要的价值出发，反推如何才能获得价值。我们可以通过头脑风暴找很多条路径，这样你就不会拘泥于眼前的一个选择，而是有更多可能性。所以转移的不是价值，而是获得价值的方式。

还是加班的例子，有人可能会说，我不想通过加班获得老板的赏识。那么，如果不加班，还能得到老板的赏识，为什么？

大家的答案是：

1. 因为我能力强，别人需要加班，我不需要
2. 因为我效率高，所以总能提前完成工作
3. 因为有团队协作、授权、外包
4. 因为我的领导衡量下属不看是否加班，只看最后的结果

所以我们从老板的赏识反推，得出了提高能力、提高效率、团队协作、找个匹配的老板等路径。

条条大路通罗马，我们做事的目的是获得想要的价值。而要不要走某一条路，不是由路本身决定，而是由路后面的价值决定的。

如果你眼前的路有大山阻隔，而你意愿上不想成为愚公移山式的人，能力上又无法飞越。那么就要问问自己：我想要的是什么，我看重的是什么，还有什么方式可以获得我想要的价值。也许你会走一条看似绕远，但

总体上更节约时间也更省力的路。也许你发现你想要的东西根本不在这座山的背后，你压根就不需要费劲儿找路。

从价值入手，就相当于从高处看发生的一切。

这样就不会被困难卡住，更知道要走哪个方向，以及如何迈出第一步。

价值换框的前提，是你要知道自己的价值观，所以我们可以经常问问自己这几个问题：

1. 什么最重要？
2. 这件事能够给我带来什么？
3. 我可以凭它得到什么？
4. 我最在乎的是什么？
5. 这件事对我意味着什么？

有了答案之后，就可以通过两两比较，找到自己更加看重的价值。下次你再做出选择的时候，就不纠结了。

九、系统思考，创造三赢——系统转换

1. 从小系统中跳出来

小叶 2020 年年初给某一线机构做销售团队的线上训练营，随着疫情逐渐得到控制，销售团队开始为全年业绩努力。受疫情影响，公司一季度的目标完成率很低，目标客户中，大企业谋求变革，试图突破现有模式，而很多中小企业面临生存危机，花钱都比较谨慎，新的商机有限，销售们都面临很大压力。

销售人员在群里交流最近的情况，普遍蔓延着焦虑、着急的情绪，也有的人自我打气，但却是缺乏依据的盲目乐观。

看销售人员分享的会引起焦虑的场景，大致有以下几种：

1. 陌生拜访（问题：如何建立信任，建立持久联系；如何找到关键人）
2. 拜访友商的客户（问题：如何引发客户更换系统的需求）

3. 商务谈判（问题：如何应对有关价格或功能的分歧，合作签约）
4. 老客户拓展（问题：如何挖掘新需求，签新单）
5. 商机不足（问题：如何找到目标客户）
6. 内部的配合（问题：产品如何更好地满足客户需求、服务人员及时解决客户的问题、内部售前顾问等资源协调的问题等）

小叶并不懂销售，所以对于他们提出的问题并不知道什么解决方案是有效的。但作为熟知教练方法论的人，小叶知道如何引导他们找到解决方案。关键在于突破思维的局限，不能就事论事，需要拓展思路，从系统层面去思考，做到三赢：我好、你好、大家好。

以商务谈判为例，某销售人员说客户认为我们的价格高，销售人员的做法就是解释报价的构成、对比自家跟友商的功能，说明自家的服务好等。但他没有思考客户谈及价格的时候真正的意思是什么。如果搞不清楚这一点，只是就价格谈价格，大打价格战，在折扣和赠送上讨价还价，我们又该从哪里体现自己的使命？销售人员和客户方代表组成了一个小系统，尝试从小系统中跳出来看具体的场景，就会看到不一样的东西。

2. 系统思考

某公司有个高级副总裁，最厉害的经历是，别的销售人员谈合同谈成三十多万元，他去了给谈成三百多万元，客户还很愉快地签约。因为客户在意的并不是价格，而是你能给他们带来什么价值。

这个高级副总裁是怎么做的呢？譬如客户是一家生产制造企业，他用一张图把整个生产制造的流程和关键点列示出来，告诉客户有17个地方会产生成本，如果不加以管理，企业每天都会有几十万元、上百万元甚至几千万元的损失。客户看着图上密密麻麻的代表损失的记号，触目惊心。当客户意识到你的产品能帮他们管理这些环节，极大地降低成本，就觉得几百万元也不算贵。

小丽不久前跟某银行谈一个培养200名内部教练的项目。乍一看，这不就是安排多少场培训、做多少次辅导的事吗？其实不然，这家银行正在面临数字化转型，要快速响应客户需求，提高本行业的竞争力，要求内部的干部具有敏捷领导力，所以他们希望通过这个项目在内部建立教练文化，并培养能赋能下属、激发全员内驱力的教练型领导者。所以只有明白了这个背景，站在大系统的层面思考，提供能支撑大系统、给客户创造价值的方案，才是企业真正想要的方案。

建立系统思维使用的具体技术就是教练式对话中的**系统转换**。

引用著名科学家钱学森的说法：系统是由相互作用、相互依赖的若干组成部分结合而成的，具有特定功能的有机整体，而且这个有机整体又是它从属的更大系统的组成部分。

人体内就有多个系统：循环系统、泌尿系统、免疫系统、神经系统……

公司里，人隶属于不同的系统：团队、部门、公司、集团。事也隶属于不同的系统：活动、子项目、项目。

一个人不可能脱离其他人和事物的影响，也不可能不对其他人和事物造成影响。人需要为系统服务，所以只有充分尊重系统，才能摆正自己的位置，达到整体平衡。所以教练需要引导被教练者跳出画面看画、跳出山看山，站在系统层面去理解事物。

譬如销售人员想签约，向领导申请降价。但是站在公司的角度来看，不能盈利的签约价格，无法支持公司长期的发展，而实施人员、服务人员付出了劳动却没有收益，会造成内部不平衡。反之如果把客户的服务优先级降低，客户的需求得不到满足，又会造成外部不平衡。

销售人员可能有自己的想法，会说如果不签单，公司没有现金流，不能生存何来发展？这背后是个价值选择的问题。能清晰地知道自己的选择会带来什么，长期来看又有什么影响，享受收益，也承担代价就行了。

3. 帮助系统转换的提问

那怎么帮助销售人员形成系统的观点呢？可以想象我们带着销售人员坐着直升机，飞到空中，从总揽全局的视角，去看他们面临的困难场景，虽然他们不见得有足够的资源达到最优成果，但至少可以拓展思维空间。当有了全局的视角，也就有了跟客户高层对话的基础。

我们可以通过以下提问，拓展我们的思考：

1. 客户提出这个项目需求的大背景是什么？
2. 这个项目对客户的价值是什么？
3. 项目对我们公司的转型有什么影响？
4. 公司跟客户需要有什么样的合作关系？
5. 合作中如何体现我们公司的核心价值观？
6. 假如你是公司总经理，你如何分析这个商务合同的利弊？这样的合同长期来看，对公司的发展有什么影响？对客户有什么影响？
7. 站在本公司的角度考虑，有销售、实施、服务和开发，什么是合作的最佳模式？
8. 需要什么样的资源才能实现客户和公司的共同价值？
9. 你如何获得资源，保证目标和价值的实现？

这些提问是针对商务谈判场景的，但对于上面提及的其他场景也一样适用。除了工作场景，如果能站在系统的角度，思考生活中的各种情况一样有效。例如夫妻关系不和，如果考虑对孩子的影响，进一步考虑子孙后代，以及大的家族系统，就会有不同的做法。

当我们能从系统的角度考虑问题，不但做事能多方兼顾，不会有副作用，同时因为支持了系统的长期发展，个人也能在系统中生存和发展得更好，从而完成个人的使命。

第二节　平衡轮

平衡轮是一个常用的教练工具，既可以用于一对一教练，也可以用于团队教练，还能用在工作和生活中。它简单又好用。

第十章 教练工具箱

一、什么是平衡轮

平衡轮就好像是一个马车轮，有八根轮辐，所以分成了 8 个部分，每个部分代表着一个思考的维度。我们可以定义每一部分有什么含义。平衡轮的好处是可以把我们脑子里闪现的纷繁复杂的想法直观地列示出来，你能站在全局的角度去看，非常清晰。它跟其他教练工具一样，是同时激发你的意识和潜意识参与的工具。

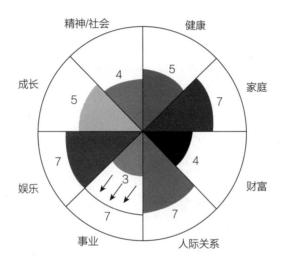

平衡轮有三个特点：

1. **步骤清晰**：平衡轮本身是个过程性工具，本身包括执行的流程。
2. **直观**：平衡轮就好像一个快照，它能把思考的所有维度同时展现出来，有局部，有整体；有现状，有目标；有优势，有不足。
3. **应用场景广泛**。你既可以在工作中用，也可以在生活中用。比如你可以列出一个教练型领导者需要具备哪些能力，也可以定义一个好妈妈需要具备哪些能力。

平衡轮通常分 8 等份，如果给每个部分指定含义的时候发现只有 6 个想法，那就空着 2 个好了。或者发现超过 8 个，那就把其中一个区域分成两份。所以实际上不限于 8 个，但如果你想到了十几个，可能就要收敛一点，从中选8个比较重要的放在平衡轮里。

通常来说，我们会追求平衡轮的平衡，但是实际上，事物是动态发展变化的，要实现平衡其实不太容易。所以我们在当下拍一个快照，你拍下来的可能就是一个不平衡的状态，直观地展示这种不平衡，会让我们对当前情况有一种觉察。另外，假如你已经决定全力发展某几个方面，而放弃其他方面，你可以看到这种不平衡，并预先想好要面对哪些影响。

二、平衡轮的步骤

以下是利用平衡轮进行一次标准教练的流程。

1. 确定议题（达成合约）

我们问被教练者："今天我要谈点什么对你最有帮助？"或者"当我们教练结束的时候，你会拿到什么成果？"

2. 画平衡轮，定义每个部分

比如说，被教练者说我想有个幸福人生，那我们就可以画一个平衡轮，问被教练者想要的幸福人生都包括哪些方面，将其标示在8个维度上。

3. 给现状打分

邀请被教练者给现状打分，比如衡量满意度，10分是最满意，1分是相反，在1~10中打几分。被教练者边打分，我们边在对应的位置涂上彩色。

4. 总览平衡轮

邀请被教练者看整体图形，问："观察一下这个整体图形，你有什么发现？"对方可能会说："我发现我最近对我的事业不太满意。"

"还有呢？"

"我发现我的家庭、人际关系和娱乐都在 7 分,是我比较满意的。"

5. 确定具有杠杆作用的重点领域,确定目标分数和具体表现

邀请被教练者选定一个重要的方面去提升,而且这个方面有杠杆作用,对其他的方面也有帮助。先详细描述现状分数下具体的表现,然后确定目标分数,并描述目标与现状有什么不同。

6. 行动计划

邀请被教练者描述从现状到目标要做些什么,确定一小步,并对行动的承诺打分。

7. 收获、嘉许

编筐编篓,重在收口。最后一步必不可少。我们要问被教练者,在教练过程中有什么收获,然后对被教练者表达嘉许,可以放大成果,再把被教练的能量水平拉高一些。

三、平衡轮常见的应用场景

1. 做决策

比如说我在北京工作,但是我收到来自上海的一份工作邀约,那我到底是继续留在北京工作呢,还是要去上海?

你可以想象有一个天平,我们在两边分别放上一个平衡轮,一个代表北京的工作,一个代表上海的工作。思考一下理想工作有哪些条件,比如收入、环境、人际关系、位置等,放入平衡轮,北京的工作打一个分,上海的工作打一个分,比较一下。

2. 能力发展

比如说作为经理,你要跟下属去谈他的个人发展问题,下属说想成为一个大项目经理,你就可以画个平衡轮,和下属一起讨论作为大项目经理需要具备哪些能力,他的现状如何,哪块短板需要提升。这样我们就跟员工建立

了一个共同理解的基础，员工会知道你对他的要求，你也会知道他对自己的发展是怎么看待的，如果你跟他的认识有差异，就可以深入探讨一下。

3. 测量满意度

比如上述步骤中的"人生之轮"，打分代表对每个方面的满意度。我们也可以测量客户对我们的产品、响应时间、服务水平等不同方面的满意度。

4. 策划行动

比如说我这边要完成全年的任务，还有三个月的时间，要重点做几件事？可以对事情的进度打分。

5. 梳理要素

譬如一个高绩效团队的特点、实现目标的关键要素，或一个好妈妈有什么样的特点？

很多的平衡轮都可以归于要素平衡轮。

6. 盘点资源

比如说我要达成一个目标，那我的资源情况怎么样？

7. 核查进度

对于多项任务并举的情况尤其适合。

8. 价值观衡量

我们在教练的时候经常会探索被教练者的价值观。价值观可能有很多，我们放到平衡轮里，可以看到它们之间相互的关系，以及更看重的价值观是什么。

9. 做笔记

比如领导打个电话，给你派活儿，说了好几件事儿，你记录在平衡轮里就不会忘。

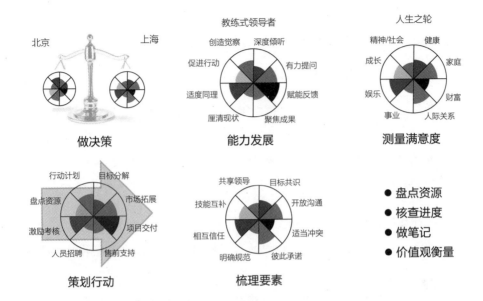

平衡轮的使用非常灵活，当目标太大的时候，我们可以不断下切，轮中套轮，也就是说有子平衡轮。比如人生之轮，你可以把"健康"拿出来单独画一个轮，甚至继续下切把"健康"中的"饮食"拿出来再画一遍，我们会把很概念化的、很宏观的一些东西切得越来越细，使它们越来越清晰。

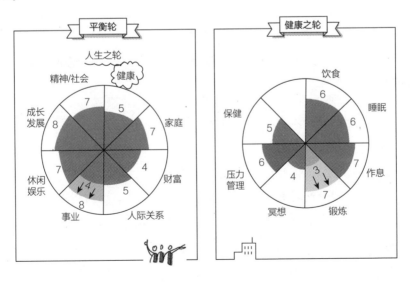

四、平衡轮应用案例

以下是一个运用平衡轮的教练过程。

教练:"今天的教练活动,你想探讨什么?"

小叶:"我想梳理出3个核心价值观。"

教练不止一次帮小叶探索过价值观,这次会有什么新发现呢?

带着好奇,教练问:"这次你想要用什么方式探索你的价值观?"

小叶已经用过的方式包括:

方法一:找1个到3个最敬佩的人,写出每个人让你欣赏的对你很重要的3个品质,再找共同点。

方法二:回想生命中的一个闪耀时刻,一个非常特别的时刻,有什么对你很重要?

方法三:如果你可以在一天中成为任何一种动物,你想成为哪一种?这种动物有什么特点,让你感到激励?还有哪些让你感到特别?

方法四:想象你在救生筏上,逃生中丢掉了几个价值观,你拼命留下的是哪些价值观?

小叶沉吟了一下,说:"就看看三个我尊敬的人吧。"

教练:"你尊敬或佩服的三个人是谁? 你欣赏的或者对你最重要的3个品质是什么?"

小叶选出的三个人以及他们的特点是:

李老师:简洁、智慧、包容

赵老师:包容、清晰、影响力/人格魅力

田老师:理性的智慧、整合的能力、宏大的愿景、影响力

小叶发现这次的名单与上次不同,之前选出的人有的从未谋面,是公众人物,而这次的三个人都是老师,曾帮助她成长,也非常有人格魅力。这三个人是跟她"帮助他人成长"的身份定位非常匹配的榜样。

教练画了一个价值观平衡轮，问小叶："你想在这个平衡轮里放入他们的哪些特点？"

小叶选择了以下词汇放入平衡轮：包容、智慧、影响力。

小叶又增加了几个之前探索过的价值观词汇：慈悲、成就、平静、自由、从容。

教练："你想在每个维度上以什么标准打分？"

小叶思索了一下："就以我展现出这个价值观的程度打分吧。"

她打出了这样的分数。

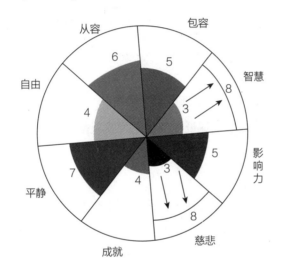

教练问："看到这个图形，你有什么发现？"

小叶说："我发现从容、平静、成就、自由都是我的外在表现，而内在是包容、智慧和慈悲这三项，但这三项之间似乎有关联。那么它们的逻辑关系是什么呢？"

小叶陷入了思考。沉默良久，给出了自己的结论："我觉得智慧是基础，有了智慧就能够包容，有了智慧也就有慈悲心。"

教练："你希望提升哪一个维度？"

小叶："智慧！提高到8分！"

教练："智慧的现状是3分，3分里有什么资源呢？"

小叶："到了这个年龄,有了一些人生经验和阅历的积累;通过读书和学习也有了专业的积累。"

教练："8分的智慧是什么样子?"

小叶："第一,深刻洞察人性;第二,理解人性的弱点和局限性;第三,对生命保持谦卑;第四,对世俗规则不纠结、平滑地应对。"

教练："从3分到8分,你需要做些什么呢?"

小叶："读万卷书,行万里路,阅人无数。具体而言,每年读50~100本书;在公司内部给不同机构和序列的人授课;和外部的同行交流;做一对一的教练。我发现我的行动和我在做的事情很匹配。其实我已经走在路上了。"

教练："那么,你的一小步行动是什么?"

小叶："把今天的教练过程整理成文章。"

教练："你在今后怎样保证让自己持续发展智慧呢?"

小叶："我会保持成长心态,制定年度清单,阅读、实践,不断学习、实践和反思。"

教练："如果你持续地这样做,又会给你的生活带来什么不同呢?"

小叶："那我就会活得越来越通透,带着慈悲、好奇和谦卑看待我遇到的每个生命。改变我可以改变的,接受我不能改变的,并有智慧区分两者。"

教练："你今天为自己创造的价值是什么?"(或者另一个问题"你今天的收获是什么?")

小叶："一,我发现智慧是关于你如何看待这个世界的:当看到人性和生命的价值,就会有慈悲;当看到人的局限性,就会有包容。所以智慧是基础。二,成就是外在的,而智慧是内在的,智慧可以带来成就和影响力。三,智慧可以给我带来激励。"

短短20分钟的探索,让小叶对自己有了更深的认识。这一次的价值观词汇,和小叶的愿景和身份结合了起来,她能感到内在的和谐一致。

价值观是人的内在动力来源，当人能够在生活中身心合一、表里如一地展现价值观，就会获得更多的满足感和意义感。人们的价值观会受到成长经历和文化的影响，同时人类也有跨越文化的共同价值观。

价值观是一些积极的词汇，对人具有激励作用。尤其是核心价值观，是我们面临选择时最重要的判断依据。经常探索价值观，能帮助人们逐渐明确自己的价值观，并逐渐忠实于价值观生活。

而价值观平衡轮就是个非常好的探索方法，帮助人们把自己的价值观直观地展现出来，同时看到彼此之间的关系。

价值观平衡轮步骤：

1. 探索价值观词汇
2. 画平衡轮，让被教练者确定哪些价值观词汇可填入平衡轮
3. 被教练者给现状打分（应确定以何标准打分）
4. 看整体图形，问被教练者有什么发现
5. 选择有杠杆效应的1项到2项，确定目标分数，了解现状分数和目标分数的含义
6. 制订行动计划，明确一小步
7. 询问被教练者的收获，表达感谢

精彩回顾

1. 我们的思维框架，决定了我们看到的世界，我们需要具有转换思维框架的能力。常见的换框方法包括：成果换框、时间转换、累加效应、空间转换、视角转换、奇迹问题、价值转换、系统转换等。
2. 平衡轮可以把我们思考的不同面向直观地呈现在面前，是简单且用途广泛的过程性教练工具，你可以将其用于决策、能力提升、行动策划、项目策划等方面。可以单独使用，也可以和其他教练工具结合使用。

教练式沟通
简单、高效、可复制的赋能方法

使用平衡轮规划自己的理想人生，你理想中的人生由哪些方面组成，看看你当下活出几分，你希望达到几分，你最希望提升的是哪个领域，你打算做些什么。

人生平衡轮

第十一章

你如何成为赋能沟通者

> 公开讨论个人目标，允许人们拥有不同的个性，不但创造了共同的宗旨和集团感，还有助于个人加强彼此间的联系，有助于实现自己的目标。
> ——戴维·尤里奇，《领导力密码》

第一节 你的内在召唤：英雄之旅

约瑟夫·坎贝尔在研究了东西方的神话故事后，发现这些故事中很多都在讲述"英雄之旅"的故事，这里面有套路可循。坎贝尔"英雄之旅"的简略框架，共分为8个步骤：聆听召唤、投入召唤、跨越门槛、寻找守护者、面对并转化恶魔、发展出内在自我和新资源、蜕变、带着礼物回家。我们所熟知的好莱坞电影都符合这个套路，比如《哈利·波特》《星球大战》《黑客帝国》《蜘蛛侠》《狮子王》《指环王》《功夫熊猫》等。

夏尔的一个普通人佛罗多，居然能抵受魔戒的诱惑，承担销毁魔戒的重担（《指环王》）。一个办公室普通的员工尼奥，居然是《黑客帝国》中机器统治的世界的救世主。一个身材瘦小，想参军却屡次被拒的年轻人罗杰斯，居然成了基因改造的战士、"二战"英雄美国队长，在冷冻70年后被唤醒，依然承担了复仇者联盟的领导者角色（《美国队长》）。

人人皆有使命，小人物也能拯救世界。这是典型的好莱坞式的价值观。而一旦小人物投入使命的召唤中，也就开始了一段"英雄之旅"。

现以《功夫熊猫》为例说明一下英雄之旅。

1. 聆听召唤

在一个如世外桃源一般的和平谷，熊猫阿宝帮鹅爸爸经营面馆，虽然笨手笨脚，但人缘很好，一边当店小二，一边做着武侠梦。在梦中，阿宝武功高强，匡扶正义，天下闻名。所以，虽然老爸觉得他异想天开，但他仍然坚信自己。忽一日，和平谷召开比武大会，要选出"神龙大侠"继承龟仙人的衣钵。阿宝梦寐以求的机会来到，于是连滚带爬，最后乘坐炮竹车一飞冲天，虽然落地姿势不雅，居然正好落在比武擂台上。

2. 投入召唤

没想到阿宝被龟仙人钦点为"神龙大侠"的候选人，并预备迎战将要来复仇的雪豹大龙，保护和平谷。这个结果让呼声最高的五位大师很失望，也让师傅大跌眼镜。阿宝犹豫着是否要接受"冒险之旅"的召唤，一方面是因为他觉得自己没有能力去追求冒险，另一方面又不想离开自己熟悉的生活。但除恶扬善、匡扶正义的武侠梦终究占了上风，阿宝开始习武。

3. 跨越门槛

师傅打算教阿宝武功，但发现阿宝除了皮糙肉厚，性格随和，对武学一窍不通，而且好吃懒做，完全看不出哪里有"神龙大侠"的资质，常规的教学方法无用，唯有包子可以激励阿宝学武，师傅无奈之下只能因材施教。阿宝居然也渐渐上手。

4. 寻找守护者

悍娇虎等五位大师与"神龙大侠"无缘，与阿宝也有一些嫌隙，但看在龟仙人和师傅的分上，还是接纳了阿宝作为同门师弟的身份。师傅也发现阿宝善良、包容，有悟性，愿意调教阿宝。

5. 面对并转化恶魔

雪豹大龙终于来寻仇，一路打来，五位大师也不是对手。师傅决定打开武功秘籍教给阿宝，没想到武功秘籍居然是明晃晃的无字天书。参不透的师傅让阿宝他们逃走，决定单独对抗雪豹大龙。

6. 发展出内在自我和新资源

阿宝在逃亡的途中，父亲告诉他，大家不承认你与众不同，但你要相信自己与众不同。阿宝于是参透了武功秘籍的真正秘密：相信你自己。

7. 蜕变

阿宝赶在师傅被杀害之前回到山上，皮糙肉厚成为他的优势，扛住了一轮轮攻击，但仍然不敌雪豹大龙，武功秘籍被抢走。雪豹大龙打开武功秘籍的一刻愣住了，他自感受骗，恼羞成怒。阿宝则趁雪豹大龙心神微分，使出绝招，战胜了雪豹大龙。阿宝以自己的实力证明了"神龙大侠"名副其实，也收获了五位大师及众人的心。

8. 带着礼物回家

阿宝重回平静生活，仍然跟着鹅爸爸卖面条，但他已不是昔日的阿宝，生活中增加了练武和除恶扬善，他赢得了和平谷人民的爱戴。

圣雄甘地为了争取印度的独立和和平，努力了30年。特蕾莎修女则一辈子都在帮助穷人。埃隆·马斯克以一己之力制造便宜可回收的火箭，是想有一天人类能移居火星。马云想要天下没有难做的生意。卓越的人们行为背后都有使命在激励自己。

每一个生命都有一段潜能无限的英雄之旅。英雄之旅的核心是：你怎样让生命有意义。心理学家弗兰克发现，人人都在追寻生命的意义。其实我们每个人都是英雄，都有自己的召唤。有些人很早就想明白了，比如周恩来的"为中华崛起而读书"，大多数人则是到了中年才开始思考人生的意义。思考之后有些人会找到自己的使命，听从使命召唤，从而将后半生轰轰烈烈地投入使命，活得开心、绽放。有些人则会选择皈依宗教，找到归属和信仰。还有些人则会迷茫，往往就会陷入中年危机。

那些能为自己的工作赋予崇高意义的人，可以将其他人整合到自己的意义里。乔布斯当年邀请百事可乐的 CEO 斯卡利入职苹果，被斯卡利拒绝，乔布斯说出了一句著名的话："你愿意一辈子卖糖水，还是跟我一起改变世界？"

"改变世界"是非常宏大的一个目标，斯卡利于是同意加入苹果出任 CEO。

当你确定了人生的意义，你的意义和现状之间的差距就会制造出一种张力，这种张力会激活自我。而不能感受到意义的人常常觉得空虚。

维也纳大学精神病学教授维克多·弗兰克是继弗洛伊德的精神分析和阿德勒的个体心理学之后，被称为"维也纳第三心理治疗学派"的意义治疗的创始人。

"二战"期间，他因为犹太人的身份在奥斯维辛、达豪等集中营度过了三年艰苦的岁月，这也是他开创意义治疗学派的基础。

弗兰克说，人们有三种不同的途径来发现生命的意义：

1. 通过创造一种工作或做一件实事

比尔·盖茨退休之后，仍然积极做慈善，关注世界范围内的重大问题。很多人学习心理学，成为专职教练或心理咨询师，帮助来访者应对生命中的挑战，从而实现自己的使命。

2. 通过体验某件事或遇见某个人

作家三毛曾经得到众多年轻人的痴迷，三毛爱流浪，和大胡子荷西生活在撒哈拉沙漠，还写出了《橄榄树》这支脍炙人口的歌。有的人则选择去爱一个人，因为他能看到这个人的潜能，帮助对方活出最好的自己。

3. 通过我们对于不可避免的痛苦的态度

在集中营时，人们常常自问的问题是："我们能活着出去吗？如果不能,那么这些苦难就是没有意义的。"维克多自问的问题则不同,他问的是:"所有这些苦难,这些发生在我周围的死亡有意义吗?如果没有,那么最后活下去也没有意义。"

维克多发现,如果一个人意识到有一个任务等着他去完成,这个人最有可能活下来。维克多自己就是由于想要重写被毁掉的手稿而坚持了下来的。

每个人都有特定的事业或使命,每个人都是独一无二、不能被替代的。尼采曾说:"知道为什么而活的人几乎能承受任何怎样活着的问题。"

第二节 自我教练

教练和被教练,都会让人快速地成长。当你做教练已经非常熟练,既可以随时随地进行自我教练,也可以帮助自己突破。

小芳最近突然间有些迷茫,觉得很多事情要做,但却不知道从哪里开始……

小芳没有好好地陪孩子写作业。她觉得管孩子会破坏她们之间的关系,所以每次只有生气了才管孩子。这样就形成了一个模式:生气——管孩子——孩子行动,或者不生气——任由孩子自己做作业——行动慢!小芳总和孩子说信任,但孩子却总说没感受到小芳的信任。小芳最近也在思考什么是对孩子真正的信任,真正的信任不是不管,而是在深层次相信对方,但在计划上和行动上却要保持一致。每个人都是有惰性的,大人如此,孩子也是需要支持的,支持孩子最好的方法又是什么呢?

是创建一个支持学习的环境,建立清晰的目标和规则,然后再说流动和弹性。

小芳本来想着五月好好休息一个月,把重要的事情做了。但行动力很差。写作,该写的都没写!音频课,还没开始录!报了一个课程,每天看着群里那么多信息就焦虑!……

小芳知道自己得停下来,自我教练一下(以下的教练也是小芳,小芳将自己在两个角色之间切换)。

教练：我想要的是什么呢？

小芳：支持孩子养成好的学习习惯，让自己的工作更有效率，答应别人的事情尽快完成！

教练：为什么支持孩子和效率对我那么重要呢？

小芳：因为爱孩子，所以要支持她，作为一个成长型的妈妈，如何做到既不控制，又不放任不管，对我很重要。

效率对我重要，是因为效率意味着成长，效率意味着承诺，效率意味着轻松！

教练：所以，成长、承诺、轻松是你特别看重的？

小芳：是的！

教练：在最近的一段时间里，你有没有体验过自己做一件事情，既让你成长了，也完成了承诺，还很轻松呢？

小芳：今年完成了 2 期 21 天的唤醒情商训练营，这件事情让我体验到这些，就像一个完整的循环，我完成了我的承诺，自己从中成长，还让别人也成长了！完成之后我也非常轻松！

教练：你是怎么做到的呢？

小芳：首先唤醒情商训练营是我喜爱做的事情，而且也是我非常擅长的；其次这个项目每次都能给我正向的反馈，在正向的反馈中，我感受到快乐的情绪，更愿意行动，行动之后又有正向的反馈，这是一个正向的循环。我做我喜欢的事情，我得到了正向的反馈，我很开心，我继续做，我感受到开心，我认为自己做的这件事情很有价值！

教练：听起来正向反馈和感受到快乐是你行动的一个很重要的方面？

小芳：是的！

教练：我想邀请你想象一下，假如现在是一个月以后，此刻你完成了你想要完成的：在支持孩子的学习方面，你做到了既不控制又不放任；你的项目也非常有效率地完成了，你收到了正向的反馈。你看到一个什么样的自己？你内心的感受是什么？

小芳：我看到一个自律、自由、放松、高效的自己。非常轻松，脸上流露出喜悦的表情，感觉到非常自在。

教练：那你看到女儿这一个月也有成长，你和女儿一起回顾这一个月，你们彼此支持，做到既不控制也不放任，你会看到你女儿发生了什么样的变化？

小芳：我看到她上午高效地完成作业，下午出去开心地玩耍，晚上又去滑轮滑，每天都很充实、开心！

教练：那站在未来一个月，做到了高效、支持的小芳会对现在的小芳说点什么呢？

小芳：亲爱的小芳，不要那么苛刻自己，有些事情去做就好了。去陪伴女儿，支持她的学习，也许这个过程会和孩子有冲突，但没关系，这很正常！

关于项目，你只需要行动，开始做起来！你有这个能力，而且你这个项目只要好好做，也会像你的唤醒情商训练营一样得到好的结果，支持更多人！

加油！相信自己！爱自己！去行动！

教练：哇！好棒！那你接下来会如何行动呢？

小芳：首先，今天上午要和女儿好好谈一谈，制定计划，并按照计划执行。

关于我的音频项目，我今天就开始录制，今天至少录制7个短音频。

最后，我每天的工作清单做得不错，我要把支持女儿学习这项也放到我的清单中。谢谢你，我最亲爱的教练！爱你！

教练：我想对你说："你真的很棒！充满爱、自律，行动力强，温柔而温暖！"

自我教练，就是自己和自己对话，通过内在的沟通，理清内心真正想要的，并且为自己赋能的过程！但有时候自我教练还是会陷在自我的思维模式里，这时候还需要去找别人来为我们教练！

第三节　前进路上你需要教练伙伴

一个人走得快，一群人走得远。

一、我有一个搭档，还有一群伙伴

程云鹏从十几年前接触到教练技术，当时公司引入了IBM的"蓝品课程"（Blue Taste），有一门《教练式管理》课。这门课简单易行，使用的就是约翰·惠特默的GROW模型。在公司陆续讲了几年，教练方面的书也看了很多，程云鹏基本上都是自己在摸索。

2016年程云鹏和陈爱芬发现两人对教练有共同的爱好，于是合作开发了《教练式领导者》的课程，并陆续在公司授课16期。两人又共同学习加拿大埃里克森国际教练学院的课程《教练的艺术与科学》，互相教练，清晰了彼此的使命和愿景，程云鹏侧重于领导力方向，陈爱芬则关注情商教练。

在开发课程、授课的过程中，程云鹏和陈爱芬也越走越近，焦不离孟，孟不离焦，成为彼此的教练伙伴。

尽管在小圈子里大家玩得很嗨，但实际上教练还是个小众的群体。目前在中国，通过ICF认证的ACC助理教练和PCC专业教练只有几百人。你跟人说教练，大家想到的都是体育教练。你解释半天也没什么效果，有时候真觉得孤独。

程云鹏以前是个独行侠，还很享受那种孤独感。但现在，程云鹏发现了自己内心对人际连接的向往，发现连接会创造价值。

谢尔·希尔弗斯坦有部经典作品《失落的一角遇见大圆满》，说每个人都会在生活的历练之后修炼成自己的圆满。在修炼的过程中会遇到各种人，都是成全你的伙伴。

二、你需要什么样的伙伴

能携手同行很长时间的伙伴,一定是基于相似的价值观和愿景、能力互补、相互欣赏、相互信任的长期合作伙伴。

1. 相似的价值观和愿景

能够在教练之路上精进的人,基本上都想要通过教练支持他人的终身成长,让每个人活出真实的自己和想要的人生。

所以不管用什么语言描述,我们的愿景和价值观都是类似的。

比如说成长、智慧,是程云鹏和陈爱芬共同的价值观。陈爱芬的核心价值观中有个"流动的爱",而程云鹏的价值观是"慈悲",表述不一样,但背后的含义相似。

愿景上,两人都致力于为中国的职业女性服务,陈爱芬主要关注情商教练领域,程云鹏则是领导力教练。

陈爱芬的身份隐喻是"点亮他人生命的赋能者",而程云鹏的则是"激发他人智慧的导师"。

2. 优势互补、相互欣赏

我们由于基因和成长经历的差异,会有很多个性上的倾向。这些倾向可能是我们的优点,也可能会限制我们。我们让自己发挥优势,同时努力修炼变得全能。当在我们还没有实现全能的时候,伙伴可以与我们形成完美的互补。

程云鹏和陈爱芬是超级互补的。任何一件事,两人的认知和反应都不同。但恰恰是这种不同,让两人能发现彼此的提升空间。

人和人之间有差异非常正常,关键是欣赏差异,从对方的优点中学习。通过合作,优势互补,创造完美的团队。陈爱芬的情感和程云鹏的逻辑就是无敌组合。程云鹏和陈爱芬在授课时,创新性地采用双导师方式,这种差异在授课时就形成了完美的互补,给学员耳目一新的感觉。

3. 相互支持、勇于承担

程云鹏和陈爱芬老师在授课的时候，常常是一个人在台上讲，另一个人好像"小迷妹"，以"爱的目光"一路追随。课前两人会各自发挥优势去准备，不用分工，自带默契。

程云鹏喜欢列清单，提前做好各项准备工作。所以每次培训，资料的更新和印刷都由程云鹏负责。假如九点钟开始上课的话，程云鹏一定八点钟到教室把所有的东西都布置好。

对陈爱芬来说，跟学员连接是她的优势，她会写一个非常吸引人的招生通知。并发挥她的影响力吸引学员报名。培训开场时，她快速地跟学员建立亲和关系，在学员做练习时，她也会进到组里去，给他们积极的反馈。

两人在对方的课上默默地承担助教的工作，记录下来对方讲得好的，以及可以讲得更好的地方，在培训后复盘。

程云鹏和陈爱芬还一起参加写作课，程云鹏的文章总是太"干"，陈爱芬就帮她补充情感内容和细节。而程云鹏则帮陈爱芬梳理文章的逻辑。

两人是好朋友，又像亲人，也像情侣，一起学习、一起授课、一起复盘，相互督促、相互反馈、相互欣赏、相互鼓励。在合作中相互支持，相互促进，让自己成为成全对方获得"大圆满"的那个人。让自己成为更好的人，同时也帮助他人变得更好。

三、怎样找到你的伙伴

1. 首先你要有找伙伴的意图

程云鹏和陈爱芬能成为伙伴，最初是陈爱芬积极主动。因为她很擅长跟人建立连接，这方面她有很强的意图。

畅销书作家格拉德威尔在《引爆点》一书中谈到了他的发现：在人际网络中，往往有个中心点，其他所有的人都是通过这个中心点连接在一起的。陈爱芬就是这个中心点。

几年合作下来，两人建立起深深的亲和和默契，潜移默化中，程云鹏对人的态度也发生了改变，会主动和人连接，更加开放，也会花大量的时间在伙伴的互动上。

2. 成长、开放、包容、感恩、好奇的心态

当对方表现得跟你不一样的时候，你首先应该好奇：为什么同样一件事情，我们俩的看法差异这么大，为什么他的选择跟我不一样？

并且你要带着成长的心态去看自己能从对方身上学到些什么，那时你就会真正加速成长。

而且要开放、坦诚地沟通。告诉对方自己的好奇，也分享自己的看法。

同时要包容差异。程云鹏和陈爱芬的差异这么大，不可避免地也会有摩擦，也需要付出努力去调和。但当大家都带着学习的心态看待这些差异，这恰恰是对包容的一种修炼。

3. 磨合、共事、投入

程云鹏和陈爱芬最初的磨合，大家都有一点小心翼翼，有意见也不直接表达。但随着开发课程、讲课、写书方面的合作，太含蓄的表达就成为阻碍。

在两人互相教练的过程中，讨论的话题也越来越私密，从工作到生活，好像彼此都成为对方的家庭成员。沟通也变得简单、直接。沟通效率提高，也让他们更加默契。

这几年两人也相互见证了彼此人生中的大事，比如陈爱芬买房子、装修、搬家、辞职创业。而 2019 年 2 月程云鹏的父亲去世，陈爱芬也给了很大的支持和充分的陪伴。

两人的教练式对话中，经常能产生特别好的觉察、特别显著的成果，就是因为彼此信任。

伙伴会让你觉得自己不是一个人在奋斗。 伙伴之间建立在深度亲和信任基础上的情感，是彼此强有力的支持。 伙伴能理解你，在受挫时给你安

慰，在你卡住时帮你清晰愿景、创造觉察、持续行动、走向精通。 伙伴也能支持和陪伴你顺利度过人生路上的关口。

那么在你的教练精通之旅上，你和谁会成为伙伴？

第四节　管理时间、 管理情绪

小芳是一名自由职业者，经常有人问她如何安排自己一天的时间是最有效而且省力的呢？

你有没有发现，当你心情郁闷的时候，一天什么都不想做，就这样浪费掉了？而当你一天状态特别好的时候，行动力会很强，高效而又充实，这是为什么呢？

因为管理时间背后更重要的是管理自己的情绪？

情绪的产生只有几秒钟，但如果我们卡在这个几秒钟的情绪中，它就成为我们今天的心情，影响着状态，而状态又影响着我们的行动。不同的心情带来不同的状态，不同的状态带来不同的行动，不同的行动引发不同的结果。

举个例子，比如焦虑情绪不一定就是不好的，情绪并没有好与坏，你如何解读和转换情绪很重要。

最近小芳打开视频号就焦虑，为什么焦虑呢？因为她也想好好做视频号，但却行动缓慢，看到周围的人的视频号每天做得那么好，就焦虑。有人说，那就不要打开视频号，不要羡慕别人，你不就不焦虑了吗？

其实，这是在逃避焦虑的情绪，而不是转换。那如何转换呢？首先，小芳去感受自己焦虑的情绪，在胸口的部位。其次，小芳去和自己的焦虑对话，问焦虑想告诉我什么？焦虑告诉小芳："你也要行动了，而且不要追求完美，每天去拍一条视频，持续输出内容很重要，而不是形式要多好！"最后，落实在行动上。

第十一章
你如何成为赋能沟通者

这就是小芳的焦虑情绪给小芳传递的信息,这个过程,焦虑情绪触动了小芳,读懂了焦虑情绪,转换为接下来的行动,就会产生绩效,这就是小芳真正想要的。于是,小芳通过管理情绪,开始安排行动,并管理了时间。那如果小芳不理会她的焦虑,小芳会如何浪费时间呢?小芳注意到每当焦虑的时候,自己就会无意识地去刷手机,看朋友圈,看娱乐新闻。时间就这样一点点被浪费掉,既没有意义,又没有价值!

所以管理时间的前提是管理好情绪,管理好情绪带来好的状态,好的状态带来好的行动,好的行动产生高绩效!

小芳另外一个管理时间的秘密就是安排好自己每天的时间轴!

分享小芳早晨的时间轴:

5:00 起床

5:00—7:00 练习瑜伽

7:00—8:00 写文章/带早课

8:00—9:00 如果有教练客户就安排教练

上午:写下一天的工作清单

中午:午休30分钟

下午:完成清单上的任务

晚上22:00 睡觉

躺在床上会回顾一下一天,感谢这一天的三件事情或三个人

带着感谢和美好入睡

时间轴的好处就是,养成每个时段都固定做一些事情的习惯以后,不需要思考身体就开始行动起来,而且不做还难受。

最后,管理时间就是管理你的注意力,持续地关注自己的注意力要投放在哪里,因为注意力在哪里,能量就在哪里,能量在哪里,你的行动就在哪里。

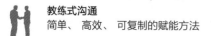

所以，管理时间的秘密就是管理好情绪，安排好时间轴，管理好注意力。

精彩回顾

1. 约瑟夫·坎贝尔的"英雄之旅"揭示了一个人的发展路径，其实每一个生命都是一段潜能无限的"英雄之旅"，"英雄之旅"的核心是：你怎样让生命活得有意义。帮助他人成长、活出最好的自己就是意义的一种。
2. 做教练，首先要学会自我教练。你可以使用教练工具和流程进行自我教练。
3. 一个人走得快，一群人走得远。教练的精进之旅，你需要与教练伙伴相互支持，共同成长。

1. 尝试写下你的使命。
2. 找一个伙伴跟你共同学习和实践教练。

致　谢

写这样一本书确实很需要勇气，程云鹏在写作的过程中不断地质疑自己，觉得自己写得不够好。在书稿完成一半的时候，陈爱芬就决定和出版社签订合同。"先把帽子扔过篱笆"这是陈爱芬常说的一句话，这样就由不得我们多想，必须跳过篱笆。陈爱芬敢想，但做的过程却不如程云鹏细致周到，不一样的两个人结合起来，成就了一种完美。

人的潜能就是这样彼此激发的。

李中莹老师常说："不会做不是你不做的理由，恰恰是你要做的理由。"

赵然老师说过："你不需要很厉害才能开始，但你需要开始才会很厉害。"所以这本书就这样出版了。

首先要感谢我们的父母，他们把爱、热情、坚韧、责任、成长等很多品质传给了我们，让我们能不断学习和成长，也帮助其他人成长。

感谢我们的家人，在我们写作的过程中，提供了充分的支持和包容。

感谢陈爱芬老师的决心，推动程云鹏不断前进。从一起学教练、用教练、讲教练、写教练，再到一起学习情商和讲授情商，我们虽然不再一起共事，但仍然有很多的交集，都持续在教练之路上精进。

感谢高茂源老师，他让陈爱芬踏上了培训师之路，他也是程云鹏和陈爱芬共同的朋友。

感谢李中莹老师，让程云鹏完成了职业转型，对心理学产生兴趣，并持续学习。

感谢田俊国老师，他创建的用友大学是个博学、审问、慎思、明辨、笃行的组织，这里培养了我们的学习习惯，他对教育的情怀也始终激励着我们。

感谢赵然老师，创办了燃料队这个温暖、好学的社群，程云鹏能够持续浸泡在焦点解决的学问里，在赵然老师的带领下学习、实践和讲授焦点解决的过程，塑造了程云鹏"后现代"的思维方式，也改善了程云鹏和孩子的关系。

感谢我们的教练老师们，传播这么好的学问。

感谢和陈爱芬一起创业的项兰平、项兰雯、邱琳，因为她们的支持和鼓励，在教练的路上，让陈爱芬更加精进。

感谢教练伙伴们：付东升、曹桂英、闵宏、高燕、卢春霞、乔安妮他们每个人都是那么的热情、智慧、开放、包容，给了我们陪伴，并促进我们进步。

感谢我们的教练客户，我们从你们身上学到很多。

感谢用友大学的同事们，你们如此好学，让我们彼此相互促进。

龚意莎、冯彦、谢明、姜兴第、张婕、彭凡、朱梦姗、杨芬，以及于丹妮、孙晓波、郑红文、马世红、李一岚、孟真、孙一江、吕浥尘、黄宗传等燃料队的伙伴……